Was sind das für Zeiten, in denen Menschen mit dem Blick aufs Handy wie Zombies durch die Straßen irren und das Internet Sklaven der Sofortbelohnung aus uns allen macht? Wir erleben das Ende des Gehens und des Wartens, den Verlust der Öffentlichkeit und der Impulskontrolle. Raum und Zeit verfangen sich im Netz ihrer digitalen Verhältnisse und werden uns seltsam fremd. Wir sind Zeugen einer Welt im Umbruch, bedrohlich und verheißungsvoll zugleich und mit ungewissem Ausgang. Wäre das Metaverse oder das Sozialkreditsystem die Rettung? Höchste Zeit, den Symptomen dieses Umbruchs nachzuspüren, über ihre offensichtliche Bedeutung hinaus hin zu ihren geheimsten Plänen. Zeit für eine Betrachtung zur kulturstiftenden Wirkung des Internets mit dem Mut zur Vermutung, für eine Diskussion versteckter Kausalketten, geheimer Sachzwänge und verführerischer Versprechen der Digitalisierung. Zeit für eine Medienphilosophie der Überraschung.

Roberto Simanowski lebt nach Professuren als Kultur- und Medienwissenschaftler in den USA, Hongkong und der Schweiz als Publizist in Berlin und Rio de Janeiro. Sein Buch *Todesalgorithmus. Das Dilemma der künstlichen Intelligenz* erhielt 2020 den Tractatus-Preis für philosophische Essayistik.

DAS VERSCHWINDEN VON RAUM UND ZEIT IM PROZESS IHRER DIGITALISIERUNG

PASSAGEN THEMA

Roberto Simanowski

Das Verschwinden von Raum und Zeit im Prozess ihrer Digitalisierung

Passagen Thema
herausgegeben von
Peter Engelmann

Passagen Verlag

Deutsche Erstausgabe

Die Deutsche Nationalbibliothek verzeichnet diese Publikation in der Deutschen Nationalbibliografie; detaillierte bibliografische Daten sind im Internet über http://dnb.dnb.de abrufbar.

ISBN 978-3-7092-0560-0

http://www.passagen.at
Grafisches Konzept: Gregor Eichinger
Satz: Passagen Verlag Ges. m. b. H., Wien
Druck: Ferdinand Berger & Söhne GmbH, 3580 Horn

Inhalt

Vorwort
Die Weltbetrachtung des Verdachts

Punktzeit

Die Zeit vergeht jetzt schneller. Jetzt, da wir soviel von ihr im Internet verbringen, daheim am Computer oder unterwegs am Smartphone. Da ist immer etwas los. Immer ist man im Kontakt: mit dem Wissen der Welt, mit seinen sozialen Netzwerken, mit den Tweets, Instagrams, Blogs, TikToks oder Videos der Lieblings-Twitterer, -Instagramer, -Blogger, -Vlogger … Das Ende der *downtime*, wie die Zeit ohne konkrete Beschäftigung auf Englisch heißt. Das Ende der Langeweile, dieser Gewähr, dass man noch „zu sich gelange“, bei all der Verführung, die die Welt für uns bereithält, wie schon Siegfried Kracauer, Kulturphilosoph der Goldenen Zwanziger Jahre, notierte.[1]

Andere meinen, die Zeit vergeht jetzt langsamer.

Weil sie aus der Distanz auf die Fülle schauen.

Wenn viel passiert, wird der Tag kürzer und das Jahr länger. So wie Leere und Monotonie die Stunde länger und den Tag kürzer erscheinen lassen. Sagt Thomas Manns Erzähler im „Zeitroman“ *Der Zauberberg*.[2]

Wir ahnen, dass er Recht hat. Erscheint uns ein beliebiges Jahr unserer Jugend etwa nicht länger als ein Jahr Berufsalltag?

Wieviel passiert wirklich, wenn das Leben als Sequenz intensiver Augenblicke verläuft? Eilt man nicht von einem Moment zum nächsten, von einem Ereignis zum anderen? Fügt sich all dies überhaupt noch zu einer sinnvollen Geschichte zusammen?

So jedenfalls wird unsere „flüchtige Moderne“ nicht erst seit gestern beschrieben. Als „Punktzeit“. Punkte statt Linie. Ist die Gegenwart noch das Vorpreschen der Vergangenheit in die Zukunft, wie der französische Philosoph Henri Bergson es vor hundert Jahren beschrieb? Jedenfalls tritt die Gegenwart nicht mehr dreifach auf, wie es der Kirchenlehrer Augustinus vor sechzehnhundert Jahren sah: als Erinnerung des Vergangenen, als Erwartung der Zukunft und als erlebtes Jetzt – *praesens de praeteritis memoria, praesens de futuris expectatio, praesens de praesentibus contuitus.*[3]

Die Gegenwart der Punktzeit ist einsam – und in einem tieferen Sinne unmenschlich.

Denn wenn Paul Ricœur, der französische Philosoph des Narrativen, sagt: nur erzählte Zeit ist menschliche Zeit,[4] meint er nicht isolierte Episoden – Instagram-Stories etwa und andere Foto- und Video-Posts. Er zielt auf deren Verbindung zu einer sinnvollen Geschichte. Diese Verbindung, dieser Sinn ist abhandengekommen. Das wird selten bedauert, und eigentlich zu Recht: Es ist ja auch eine Befreiung aus Geschichten, die gar nicht unsere sind.

Aber wir beginnen, uns verloren zu fühlen in der Zeit. Irgendwas fehlt.

So kommt es zur ersten These: Wir leben immer im Jetzt.

Ganz gleich, wie schnell der Tag vergeht und das Jahr, wir sind dem aktuellen Moment verfallen, den wir ungern an die Zukunft verpfänden, per Verzicht, Geduld und Ausdauer, als Lustaufschub und Impulskontrolle.

Die Langzeitfolgen dieser Kurzsichtigkeit gefährden, das ist die zweite These, nicht nur uns selbst. Sie setzen auch den gesellschaftlichen Zusammenhalt und, ja!, die Zukunft des Planeten aufs Spiel. Wenn niemand heute zu Verzicht bereit ist, damit es ein lebenswertes Morgen gibt, für ihn oder sie und für künftige Generationen, dann wird das unbedingte Jetzt zum unbedingten Ich, an dem alle Hoffnung zerbricht: ein Trump-Ich, wie zu sehen sein wird.

Die Schuld an diesem Trend liegt zum Großteil beim Internet, das uns die Geduld und den Lustaufschub austrieb. Zugleich entstehen mit dem Internet – dritte These – die Mittel der Korrektur.

In Kooperation mit dem Smartphone produziert das Internet jene Daten zu gesellschaftlichen Vorgängen, die sich mit Algorithmen koppeln lassen, um das richtige Verhalten zu fördern und zu forcieren. Durch diese Hintertür wird jedes Jetzt schließlich doch noch zum Teil einer Geschichte, an der sich das Ich messen lassen muss, im Bewertungswesen des Westens ebenso wie in Chinas Sozialkreditsystem.

Die Selbstdisziplin kehrt zurück mit dem Score, der jedem Augenblick eine Bedeutung weit über sich hinaus gibt. In der Erzählung der Zahl liegt der Sinn, den das Subjekt der Punktzeit so lang gesucht hatte, wenn es denn etwas suchte, das über es hinausgeht. Das letzte *grand narrative* ist numerisch.

Davon handelt der zweite Teil in diesem Buch.

Raumverlust

Die Zeit vergeht online schneller, wo der Raum dünner ist. Es gibt keine Wege von A nach B, nur einen Link. Verloren der Zwischenraum, der Zeit kosten könnte.

Was in der digitalen Welt der Link ist, ist in der analogen das Smartphone. Es tilgt nicht die Zeit, wohl aber den Raum, dem diese nun nicht länger gehört: den Raum zwischen A und B. Die Zeit wird – im Gang durch den Raum – verbracht in der eigenen Parallelwelt: in Videogames, sozialen Netzwerken, Kommunikationsforen.

Verliert – eine weitere These – der Raum die Zeit, verliert der Mensch den Raum. Denn wie soll der Raum die Menschen noch bestimmen, wenn sie ihn wie Zombies mit den Augen aufs Smartphone blind durchqueren? Der psychologische und politische Schaden hinter diesem Verlust ist Thema im ersten Teil des Buches.

Das Problem erschöpft sich keineswegs im banalen und zugleich schamlosen Umstand, dass die Smartphone-Zombies ihr Umfeld ignorieren und von den anderen erwarten, ihnen auszuweichen. Sie verändern zugleich den öffentlichen Raum, und zwar für alle und auch dann, wenn sie ihn nicht am Smartphone ignorieren, sondern nur noch durch dieses wahrnehmen: nach den Gesetzen des Internets, crowd-sourced und app-geleitet.

Der öffentliche Raum wird immer mehr durch die Brille des Digitalen wahrgenommen, durch Maps und Apps, die anderswo codiert werden und von dort den Blick aufs Hier bestimmen. Es ist das Ende des Zufalls, von dem man sich einst überraschen ließ, als man technologiefrei unterwegs war. Es ist die digitale Kolonisierung des Raumes und des Smartphone-Zombies selbst: Beide werden des politischen Potenzials beraubt, das sich andernfalls in ihnen bilden könnte.

Das Smartphone ist das Trojanische Pferd einer Zukunft, an der wir längst alle beteiligt sind, selbst dann, wenn wir ohne es unterwegs sind.

Das ist die finale These im ersten Teil.

Verdachtskritik

Nein, dieses Buch ignoriert nicht all das Gute, das uns das Internet gebracht hat.

Natürlich haben wir nun viel leichter Zugang zum Wissen – und wer wollte sagen, sie oder er profitierte nicht davon, dem Internet schnell mal eine Frage stellen zu können. Ebenso erleichtert das Internet, sich mit Gleichgesinnten oder Andersdenkenden – je nach persönlicher Präferenz – zu verbinden. Auch stimmt es natürlich, dass wir per WhatsApp und Zoom – oder wie immer die App heißt, die wir bevorzugen – viel besser in Kontakt bleiben als zuvor: mit den Eltern, mit den Schulfreunden, mit wem auch immer. Und dann ist da natürlich Wikipedia, das Erfolgsmodell der kollektiven Wissensproduktion, das Lieblingskind der Internet-Optimisten, ganz zu schweigen von Chatbots wie GPT, die noch ganz andere Versprechen mit sich bringen.[5]

All das ist unbestritten, wie hier für jene betont sei, die sich bei jeder Kritik des Internets veranlasst fühlen, lauthals an dessen Vorteile zu erinnern. Es geht nicht um die Aufrechnung der Vor- und Nachteile. Kaum jemand wünscht sich wohl ernsthaft das Leben vor dem Internet zurück, obwohl es natürlich stimmt, dass auch damals das Leben schon lebenswert war, so wie ja auch vor der Erfindung des Fernsehens und des Autos Menschen sich glücklich wähnten.

Inzwischen kennen wir allerdings auch all die Negativbegriffe, die das Internet hervorgebracht hat: Filterblase, Hassreden, Fake-

News, mangelnde Privacy, prekäre Arbeitsverhältnisse, Narzissmus, Identitätskrise, Suchtverhalten …

Drei Jahrzehnte nach seiner Popularisierung als WWW ist das Internet für viele kein „gutes Medium" mehr, und nicht wenige sehen darin gar eine Gefährdung der Demokratie, die man einst gerade beim Internet in guten Händen sah. Kein Wunder also, dass vormalige „Cyber-Utopisten" zu vehementen Kritikern des Internets geworden sind[6] und die Pioniere des Cyberspace, wie das Internet einmal hieß, sich nun vom Staat Hilfe bei dessen Regulierung erhoffen.

Darum geht es in diesem Buch: nicht um pauschale Medienschelte, sondern um den geschärften Blick auf bestimmte Prozesse und deren mögliche Langzeitfolgen. Man will ja nicht erneut derart überrascht werden.

Es geht um die Rückkehr des Misstrauens.

Es geht um die Rückkehr des Misstrauens, zu dem Ende der 1960er Jahre der gleiche Paul Ricœur mit seiner *Hermeneutik des Verdachts* aufrief, unter Verweis auf Marx, Freud und Nietzsche, die alle auf ihre Weise den verborgenen Sinn hinter den Phänomenen unseres Daseins freigelegt hatten.

Dieses hermeneutische Misstrauen wurde damals zum Paradigma der Moderne, als Ergänzung und Gegenspieler zu ihrem ersten Paradigma: der Vermessung. Nichts, so hieß die neue Annahme, ist, was es zu sein schien. Das gilt heute auch fürs Internet.

Gewiss, das hermeneutische Misstrauen geriet in Verruf, als es „paranoid" und aktivistisch wurde und Interpretation als heroischen Befreiungskampf für die Unterdrückten verstand.[7] Eine Reaktion darauf war die Forderung, das Enthüllen zugunsten der Beschreibung aufzugeben[8] oder zumindest auf Fakten zu beschränken, die sich mit algorithmischen Analysemethoden tief unten in der Datenmenge der Texte finden ließen. Die neuen Modelle hießen „surface reading" und „distant reading".[9] Letzteres war Bestandteil des Computational Turn in den Geisteswissenschaften, der diese in eine verlässliche Wissenschaft überführen wollte, die ihre Erkenntnisse nicht auf wilden Theorien aufbaut, sondern auf empirischen Daten.

Der Kritiker war nun „nicht mehr wie ein Detektiv, der dem Verdächtigen nicht traut, sondern eher der Sozialwissenschaftler, der die manifesten Aussagen eines Textes beschreibt".[10] Statistische Tiefenbohrung statt hermeneutischen Misstrauens. Man war bescheiden geworden, positivistisch statt detektivisch, Erbsenzähler statt Kaffeesatzleser, wie die gegenseitigen Schimpfworte lauten. Aus den theorieversessenen bissigen Pitbulls waren Golden Retriever geworden, die fleißig Daten sammelten und visualisierten.[11]

Auch das Projekt der Digital Humanities erwies sich als Sackgasse und wird inzwischen gerade von einer ihrer Galionsfiguren als gescheitert erklärt.[12] Zeit, vom Zählen zur Theoriebildung zurückzukehren. Zeit auch, den Computer, der in den digitalen Geisteswissenschaften nur als Erkenntnismittel vorkam, zu einem Erkenntnisobjekt zu erheben: den Computer, das Internet, das Smartphone, die Algorithmen, Künstliche Intelligenz. Denn gerade dies ist dringend nötig: eine medien- und kulturwissenschaftliche und schließlich auch politische Kritik der Digitalisierung der Gesellschaft, statt selbst unkritisch auf den Zug der Digitalisierung aufzuspringen.

Geboten ist eine kritische Analyse der Textur der digitalen Gesellschaft; kritisch nicht wie ablehnend, sondern wie achtsam. Notwendig ist eine Analyse, die skeptisch – und lieber paranoid als gutgläubig – den mehr oder weniger etablierten Phänomenen unserer digitalen Lebenswelt ihre paradoxe Logik ablauscht, ihre geheimen Bezüge und verdeckten Effekte, mit dem Misstrauen des Detektivs, also verdachtskritisch.

Das Misstrauen beginnt mit der Frage, welches Verbrechen eigentlich vorliegt, wenn denn eines vorliegt.

Die Ausgangspunkte in diesem Buch – das Smartphone-Zombie und das Marshmallow-Experiment – sind zunächst nur harmlos wirkende Alltagsphänomene der Digitalisierung, lebensweltliche Selbstverständlichkeiten, die aber – von dieser Voraussetzung lebt das Buch – verborgene Welten in sich tragen: Welten, die in einen anderen Raum führen oder in künftige Zeit. Welten, die es phänomenologisch zu erschließen gilt, „in mutwillig erhöhter Rezeptivität"[13] oder eben detektivischer Verdächtigungsbereitschaft.

So wird die Betrachtung all das an Stoff und Ideen einbeziehen, was auf ihrem Weg trotz scheinbarer Abwegigkeit auf Entdeckung hofft, mit der Logik des nächsten Schrittes und dem „Mut zur Vermutung“,[14] der am Ende auch vor Toten nicht Halt macht.

Verschwendung des öffentlichen Raumes
Über Smartphone-Zombies[1]

Eine Straße, an einem Sommerabend. Kinder, die den Fremden nach der Zeit fragen. Wie lang ist das her? Und worum ging es da?

Der Dichter Botho Strauß beschreibt es so: „Die allgemeine Gewöhnung unter uns Städtern, dem anderen kaum mehr ins Auge zu blicken, ihn möglichst nicht zu beachten, scheint diese Kinder zu stören. Sie merken doch, wie die freundliche Neugier, ihr ureigenes Element, ohne das sie nichts werden können, ringsum wenig bedeutet. Dagegen regen sie sich und fragen an den Leuten entlang; es drängt sie, den Fremden kurz zu berühren, und sei es nur, um von ihm die Stunde zu hören."

Als Strauß dies schrieb, 1984, in der Einleitung zu seinem Roman *Der junge Mann*, hatte alles gerade erst begonnen. Der Schlachtruf, den Strauß nicht im Sinn hatte, der hier aber zu erinnern ist, kam von einem Computer-Unternehmen in Kalifornien am Anfang des gleichen Jahres; er wurde ausgestrahlt während des Super Bowls, dem Finale der US-Football-Liga: „On January 24th, Apple Computer will introduce Macintosh. And you'll see why 1984 won't be like *1984*."

Die Kampfansage gegen Orwells Big Brother-Dystopie, die Apple mit seinem Produkt verband, hat sich nicht erfüllt. Wir leben in einer Überwachungsgesellschaft; und zwar nicht trotz, sondern als Ergebnis dessen, was jener Macintosh, den Apple-Chef Steve Jobs am 24. Januar 1984 einem begeisterten Publikum vorstellte, als Losung ausgab: „Never trust a computer you can't lift."

Die Stimme, die das sprach, glich einem Frosch in der Metallbox. Heute sprechen Computer mit der Geschmeidigkeit von Siri, Alexa und LaMDA. Auch die Größenverhältnisse haben sich drastisch verändert. Seit dem iPhone, 23 Jahre nach 1984, heißt es eher: Traue keinem Computer, der nicht in deine Hand passt.

Genau darin liegt das Problem.

Das Smartphone ist nicht Big Brothers Gegenspieler, es ist sein Komplize. Apples Emanzipationsversprechen führt schließlich in vielerlei Hinsicht zur Entmündigung des Subjekts. Ein Treppenwitz der Technikgeschichte, der allen klar wird, die sich die aktuelle Nutzung dieser Technik einmal genauer ansehen.

Rivalitäten

Inzwischen gehört es zur täglichen Erfahrung: Passanten, die auf ihr Handy starren, nicht nur in der U-Bahn, sondern auch beim Gehen in der Stadt. Menschen, deren *ambient attention* nicht weiter reicht als bis zum nächsten Hindernis. Widerstand, gar ein trotziges In-den-Weg-Stellen, wenn diese „Smartphone Zombies" – oder „Smombies" – durch überfüllte Straßen schleichen, wirkt da hilflos aggressiv: Sie weichen einem aus, ohne aufzublicken. Da bleibt nur die Schadenfreude, wenn sie vor lauter Nicht-hier-Sein den Fahrstuhl zu früh verlassen oder die falsche Toilette aufsuchen.

In Hongkong war es schon 2016 ein Massenphänomen. Nirgendwo anders sah man so viele Menschen mit dem Blick aufs Handy durch die Stadt gehen wie dort, obwohl gerade dort sich viel zu viele Menschen auf viel zu schmalen Bürgersteigen drängeln. Da kamen nicht einmal die Warnungen hinterher.

„Please hold the hand rail. Don't keep your eyes only on the mobile phone!" So lautete die Audio-Schleife an den Rolltreppen der U-Bahn. Dabei ist dies der einzige Ort, wo der Blick der Passanten aufs Handy ungefährlich ist. Anderswo konnte es das Leben kosten. Ein trauriges Beispiel ist die 28-jährige Wang, die am 29. Dezember 2015 nicht auf den Weg achtete und im Fluss ihres Heimatortes Whenzhou in Ostchina ertrank.[2]

Aber selbst in beschaulichen Orten der Schweiz ist das Problem längst angekommen. Die Lausanner Polizei erregte im Mai 2015 mit einer Warnung vor dem Texten im Gehen Aufsehen. „Zaubertrick mit dem Smartphone im Strassenverkehr" heißt das Video über Jonas, 24 Jahre alt, Rap- und R&B-Fan, der, wie es hieß, unterwegs gern mit seinen Freunden textet. „Jonas hat keine Erfahrung mit Magie“, so der verschlagen lächelnde Erzähler, „und doch wird er gleich vor euren Augen verschwinden. Schauen wir genau hin!“

Dann tritt Jonas textend an den Rand der Straße, blickt kurz in die falsche Richtung und wird, als er die Straße betritt, von der anderen Seite her rasant durch ein Auto aus dem Bild gestoßen. Es folgt Geschrei und Entsetzen der Passanten und der verschmitzte Gruß des Erzählers, der sich als Bestattungsunternehmer erweist: „Hey, bis bald!“[3]

Die Polizei dramatisiert das Phänomen natürlich in betriebseigener Logik als Unfalltod. Man kann allerdings auch durch eine Kugel zu Tode kommen, wenn man nur Blicke fürs Handy hat und jedes Gefühl für die Umgebung verliert. Dies geschah im weniger beschaulichen, weit gefährlicheren Rio de Janeiro gleich mehreren Touristen, die ihrem Navi in eine Favela folgten, wie die Slums in Brasilien heißen, wo weniger der Staat herrscht als bewaffnete Banden.

November 2008 kamen so drei Norweger unter Beschuss, als ihr Navi sie auf eine Abkürzung durch eine Favela schickte. Anfang Dezember 2016 wurde ein italienischer Motoradfahrer erschossen, der seinem Navi in eine Favela folgte, wo man ihn für einen Polizisten hielt, weil sein Helm eine Kamera enthielt, mit der er wahrscheinlich Echtzeitfotos an sein soziales Netzwerk schickte. Im Februar 2017 starb eine Argentinierin, die mit Freunden auf dem Weg zu Rios berühmter Christus-Statue die vorgeschlagene Route durch eine Favela nahm, wo sie einer Gruppe bewaffneter Männer begegneten, die schließlich wahllos ins Auto schoss.[4]

Das sind Sonderfälle des „Death by GPS“, wie das Phänomen heißt, wenn Menschen unkritisch den Vorgaben ihres Navis folgen, ohne auf ihr tatsächliches Umfeld zu achten. In weniger gewalttätigen, aber ebenso tödlichen Fällen, endet man dann plötzlich in unwirtlicher Gegend, ohne Benzin und Wasser.

Ein zweiter Fachbegriff dafür lautet *automation bias*: die Neigung, der App mehr zu vertrauen als dem eigenen Gefühl. Ein Bias, das jeder kennt, der einmal entgegen der eigenen Intuition der App folgte, in der Annahme, sie werde schon wissen, was sie tut, wenn sie diesen statt jenen Weg vorschlägt, immerhin verfügt sie über weit mehr Daten als man selbst.

Nicht immer geht von diesem Bias Gefahr aus, und in den meisten Fällen mag die App auch wirklich schneller ans Ziel bringen. Selbst dann aber ist es symptomatisch für die Rivalität der Räume: Smombies glauben weniger dem Raum, in dem sie sich befinden, als dem kybernetischen Raum, in dem die Informationen über den physischen Raum zusammenfließen, um per Smartphone an alle ausgegeben zu werden, die sich in diesem befinden.

Damit nicht der Verdacht eines Anti-App-Bias entsteht, sei auch erwähnt, dass unter bestimmten Bedingungen das Smartphone ein Mittel sein kann, sich physische Räume überhaupt erst einmal zu erschließen. Nicht weil es den Weg zu ihnen anzeigen oder andere wichtige Informationen liefern würde. Das Gerät muss nicht einmal zum Einsatz kommen. Es genügt schon seine Existenz, es genügt schon die bloße Möglichkeit seiner Existenz.

So war es in Rio de Janeiro noch Ende des 20. Jahrhunderts ein Wagnis, die Avenida Lúcio Costa am Strand in Barra in Richtung Prainha soweit hinauszufahren, dass man alle Häuser hinter sich ließ. Man musste mit Polizei rechnen, die garantiert immer etwas fand, was nicht in Ordnung war, und erst dann von einem ließ, wenn man sie mit Geld vom Gegenteil überzeugt hatte. Seit man mit dem Handy vor Ort seinen Anwalt anrufen kann, ist dieser Raum problemlos befahrbar.

Das Verschwinden des Subjekts aus seinem Umfeld beginnt allerdings lange vor der Kollision mit einem Auto oder der Begegnung mit Bewaffneten. Es beginnt, wenn man auf dem Weg von A nach B den Raum dazwischen nur noch als Zeit betrachtet und sich in die Parallelwelt des Internets begibt.

Man ist schon verschwunden, wenn man noch da ist. Smombies sind nicht Untote, die zurückkamen, sondern Abwesende, die ihre Körper zurückließen. Es sind, so ein anderer Koffer-Neologismus zur Beschreibung des digitalen Zeitalters, „Inforgs“: „informationelle Organismen“, die „aus ihrem newtonschen, materiellen Raum in die Infosphäre“ migrieren.[5] Sie sind dem hiesigen Raum entzogen, weil sie sich einem anderen verbunden fühlen.

Konnektivität der Trennung.

Das Phänomen ist keineswegs neu. Seit der Erfindung des Telefons fiel es dem Raum immer schwerer, sich gegen Abwesende zu behaupten. Ein Anruf genügte und die Außenwelt brach herein. Zunächst nur zaghaft, wenn die Angerufene dem Raum ans Telefon im Hausflur entzogen wurde. Dann, mit dem kabellosen Haustelefon, platzte die Außenwelt mitten in die gute Stube. Seit dem Handy geschieht diese Invasion auch im öffentlichen Raum. Seit dem Smartphone sogar ohne Anruf. Der abwesende Raum macht dem aktuellen jederzeit das Vorrecht der Präsenz streitig, mit Leichtigkeit, denn er ist naturgemäß immer in der Überzahl.

Ist es dies, was uns ärgert (falls es uns ärgert), wenn wir ringsum Menschen in ihre Geräte versunken sehen? Hofften wir auf Gesprächspartner und sind nun enttäuscht, dass sie den Cyberspace vorziehen? Verübeln wir ihnen die Einsamkeit, in die sie uns stoßen? Oder verstimmt uns nur, mit welcher Frechheit sie erwarten, dass *wir* aus dem Weg gehen?

Das Smartphone vollendet ein Verschwinden des Raumes, das spätestens mit den modernen Verkehrsmitteln begann. Während die Landschaft an der Eisenbahn immerhin noch vorbeizog, war sie mit dem Flugzeug ganz verschwunden. Nun konnte man um die halbe Welt reisen, ohne etwas anderes von ihr zu sehen als Flughäfen. Und ohne zu bemerken, wie die Temperatur sich mehr und mehr ändert. Wegbewältigung hieß nicht mehr Raumbegegnung – eine Erfahrung, die man im Kleinen täglich mit der U-Bahn macht.

Spazierengehen

Historisch betrachtet war schon die Kutsche, ohne Klimaanlage und Lärmschutz, Verrat am Raum. Darauf verweist Günther Anders in seiner philosophischen Betrachtung über Rundfunk und Fernsehen *Die Welt als Phantom und Matrize*, die 1956 in seinem Buch *Die Antiquiertheit des Menschen* erschien und mit dieser „Kindergeschichte“ beginnt:

Da es dem König aber wenig gefiel, dass sein Sohn, die kontrollierten Straßen verlassend, sich querfeldein herumtrieb, um sich selbst ein Urteil über die Welt zu bilden, schenkte er ihm Wagen und Pferd. „Nun brauchst du nicht mehr zu Fuß zu gehen", waren seine Worte. „Nun darfst du es nicht mehr", war deren Sinn. „Nun kannst du es nicht mehr", deren Wirkung.

„Der Mensch desertiert ins Lager seiner Geräte", ist einer von Anders' berühmten Sätzen. Die Kutsche ist ein solches Gerät. Der Rundfunk, um den es Anders in diesem Text geht, auch. Von ihm ist es kein allzu langer Weg zum Smartphone. Aber bleiben wir noch einen Moment bei der Kutsche, die schon 150 Jahre vor Anders Stein des Anstoßes war.

Anfang des 19. Jahrhunderts beklagt der bekannteste Spaziergänger der deutschen Literaturgeschichte, Johann Gottfried Seume: „So wie man im Wagen sitzt, hat man sich sogleich einige Grade von der ursprünglichen Humanität entfernt. Man kann Niemand mehr fest und rein in's Angesicht sehen, wie man soll."[6]

Für Seume ist die Kutsche nicht nur Verrat am Raum, sondern auch am Menschlichen. Scharfe Worte, die vielleicht durch Karl Gottlob Schelles Buch *Die Spatziergänge oder die Kunst spatzierenzugehen* motiviert waren, das 1802 erschien und das Motto enthält: „Der Mensch ist nur da ganz Mensch, wo er spatzieren geht".

Erfahren kann man die Welt nur im Gehen, so Schelles und Seumes Fazit. Und zwar im Gehen ohne Begleitung, wie wiederum der bekannteste Einsiedler der amerikanischen Literaturgeschichte sagt, Henry David Thoreau: „Das Bedürfnis nach Gesellschaft bedeutet eine Distanzierung von der Natur."[7] Sobald man einen Gesprächspartner an der Seite habe, kommuniziere man weniger mit seiner Umgebung. Erst das einsame Gehen wirft den Gehenden zurück auf sich und die Welt.

Ich gehe, allein, also bin ich.

Die Moderne kümmerte sich weder um Schelle oder Seume noch um Thoreau.

Sie attackierte das Gehen mit ihren Fahrzeugen. Und zwar in einem solchen Maße, dass die Soziologie schließlich gegen das Mobilitätsparadigma der Autogesellschaft ein entschleunigtes Verständnis von Landschaft und urbanem Raum in Stellung brachte.

1976 gilt als das Geburtsjahr der „Promenadologie", der Spaziergangswissenschaft: eine Mischung aus Psychologie (dem anderen begegnen), Ästhetik (Schönheit der Natur), Gesundheitsfürsorge (Bewegung tut gut) und Soziologie (urbane Interaktion), die sich vielleicht gerade wegen dieser thematischen Unentschlossenheit nie als wissenschaftliche Disziplin etablieren konnte.[8]

Erfolgreicher war, was ein Jahr später aus gleichem Grund mit einem anderen Namen entstand: die „Dromologie", die Wissenschaft von der Geschwindigkeit. Auch dies eine Ein-Mann-Show, verknüpft mit dem Namen Paul Virilio, die allerdings eine ganze Reihe an vielgelesenen Büchern hervorbrachte mit raunenden Titeln wie: *Ästhetik des Verschwindens*; *Rasender Stillstand*; *Ereignislandschaft*. Der theoretische Ansatz der Dromologie und ihr Verdienst lagen darin, den Zusammenhang von Politik und Geschwindigkeit deutlich zu machen.[9] Dass sie der Moderne nicht das Entschleunigen beibringen konnte und Virilio sich auf kulturpessimistische Kommentare zum Weltgeschehen verlagern musste, wird wenig erstaunen. Keine Wissenschaft kann technischen Fortschritt aufhalten, auch nicht den, der, in ihren Augen, einen gesellschaftlichen Rückschritt mit sich bringt.

Das gilt ebenso für die Kunst. Auch der berühmteste Spaziergänger der zeitgenössischen Kunst, der Brite Hamish Fulton, konnte am Beschleunigungsmodus der Moderne nichts ändern. Fultons *Walking-Art* besteht in einer ein- oder mehrtägigen Wanderung, dokumentiert durch ein einziges Schwarz-Weiß-Foto der Landschaft und eine Kurzbeschreibung der Wanderung (wo, wie lange), gelegentlich ergänzt mit poetischen Wortfolgen, die Fultons Gefühle unterwegs beschreiben. Foto und Text sind nicht das Kunstwerk, sondern der Hinweis darauf, dass ein Kunstwerk stattgefunden hat: die Wanderung. Fultons Kunst ist unsichtbar, unteilbar und unverkäuflich – und mag das Publikum verführen, es ihm gleichzutun. Auch sie konnte den Beschleunigungsduktus der Moderne nicht aufhalten, obwohl sie ihren Messias dreimal, 1972, 1977 und 1982, zur Documenta nach Kassel brachte.

Ungeachtet dieser Missgunst der Moderne hinterlassen andere Advokaten des Spaziergangs ausführliche Berichte in gedruckter

Form. Berichte voller Fakten, Empfindungen und philosophischer Gedanken über ihre Begegnung sowohl mit Natur als auch mit Kultur. Berichte, die sich historischen Vorbildern wie Alexander von Humboldt oder eben Henry David Thoreau verpflichtet fühlen oder auch Vorlagen wie den eher politisch orientierten und satirisch gestimmten *Reisebildern* von Heinrich Heine. Berichte, die gerade in unserer beschleunigten Digital-Moderne recht populär sind unter dem Genrebegriff „Nature Writing“ und im deutschsprachigen Raum seit 2017 sogar mit einem speziellen Literaturpreis gewürdigt werden: dem Deutschen Preis für Nature Writing.

Alle aber – Promenadologen, Dromologen, Walking-Künstler, Nature-Writer – mussten schließlich mit ansehen, wie noch das einsame Gehen vom Gegner kassiert wurde. Seit es mobile Medien und soziale Netzwerke gibt, ist auch das Solo-Gehen nicht mehr das, was es für Seume und Thoreau und später für Fulton so bedeutsam werden ließ: die Begegnung mit der Natur, mit sich selbst, miteinander – eine Daseinsform.

Gewiss, Gehende waren schon seit dem Walkman in ihrer eigenen Welt. Aber da sahen sie immerhin noch, was sie nicht hören wollten. Das Smartphone reduziert den Raum auf eine bloße Distanz zum Zielort. Der Weg ist nicht mehr Teil des Ziels – oder gar das wahre Ziel wie bei Seume, Thoreau, Fulton & Co. Nur das Ziel ist nun noch das Ziel.

Der Zwischenraum wird zur Zwischenzeit, die man woanders verbringt: im sozialen Netzwerk, im Computerspiel, im Chat mit Freunden, im Cyberspace. Der Bildschirm in der Hand lässt den Raum verschwinden, so wie die Kutsche, die U-Bahn und das Flugzeug. Ich komme, wenn ich gehe, weder zu mir noch zum Raum. Das Smartphone wird zum Fahrzeug.

Raumzeit

Das Smartphone verwandelt den Raum in einen Nicht-Ort. Nicht im Sinne des französischen Anthropologen Marc Augé, der Einkaufszentren und Flughäfen als Nicht-Orte bezeichnet, weil sie ohne Geschichte und Originalität sind, geschaffen nach einer globalen Formel. Der Nicht-Ort, den das Smartphone schafft, existiert tatsächlich nicht, jedenfalls nicht für die Smombies, denen, versunken im Cyberspace, die Eigenheit der Umgebung entgeht: die Häuserstruktur, die Graffiti, die Anwohner und das besondere Licht in der Platanen-Allee.

Raum ist immer auch Zeitraum, Raum, der Zeit bewahrt. Die Baustile der Vergangenheit, die Straßennamen, die Denkmale, aber auch die Schicksale, um die ein Stein weiß, der durchgedrückte Balken einer Bank und die Fahrzeuge, die ein Weg erfuhr. Es sind Phänomene vergangener Zeiten, die der Raum uns gegenwärtig macht, wenn wir ihn zu lesen wissen. „Die Räume bestimmen denjenigen, der sich durch sie bewegt", heißt das Motto in Schelles Spazierbuch 1802. Der Raum konstituiert, als kulturelle Größe, den Menschen, sagt die Kulturwissenschaft seit ihrem Spatial Turn.

Dem Erinnern der ‚Raumzeit' steht die ‚Körperzeit' zur Seite. Auch der Mensch bewahrt die Vergangenheit, die ihn psychisch und physisch bestimmt: von der Musik und den Büchern der Jugend über die Narben der ersten Operation bis zu den Denk- und Lachfalten. Im Grunde begegnen sich zwei Biografien, wenn ein Mensch einen Raum betritt – und diesen nicht blind durcheilt. Man denke an eine Kunsthistorikerin, die nach Venedig kommt.

Ist ein Mensch unterwegs, bewegt sich Zeit im Raum. Ein System kondensierter Kultur, die er von A nach B führt und überall hinterlässt, wo es Kontakt gibt: für die Ansässigen, für deren Nachkommen und für die Nachkommenden. Der Effekt des Menschen liegt in den Spuren, die er anderen vererbt. Das macht Räume an Schnittpunkten und Handelsstraßen so bunt und gehaltvoll.

Wir fühlen diese Synthese von Raum und Zeit, wenn wir die zentralen Plätze fremder Städte besuchen und als Denkmal der Vergangenheit befragen. Die wenigsten schlagen den Besuch solcher Orte aus. Man kennt seine Verantwortung als Tourist und will, wenn man von A nach B kam, zurück in A auch von B berichten können.

Dass es zu diesem Bericht kaum noch kommt, liegt wiederum am Smartphone, mit dem sich schon vor Ort berichten lässt. Aber das schnelle Foto ans Netzwerk der Freunde erübrigt nicht nur die Auskunft nach der Rückkehr. Es erschwert sie auch, weil es den Raum mit dem Netzwerk verstellt, dem die Reisende all die Aufmerksamkeit gibt, die sie dem realen Raum entzieht.

Ablenkung ist jedoch nur eine der Varianten, wie sich das Smartphone zwischen das Ich und den Raum schiebt.

Raumöffnung

Das Smartphone stellt sich zwischen seine Nutzer und den Raum auch dann, wenn es den Blick nicht von diesem ablenkt. Das Smartphone überschreibt den Raum *vor* sich durch den Raum *in* sich.

Ein bisschen war das schon immer so, und nicht alle sahen darin einen Verlust. Bereits das Buch öffnete den Raum zur Welt, nahm ihm seine Macht auf die, die ihn bevölkern. Der Habitus des Menschen reflektierte dann nicht allein das Habitat, den Raum, die Umgebung, sondern auch die Perspektiven, die schriftlich aus anderen Gegenden in diesen Raum gelangten – das Buch wird zum Avatar der Außenwelt.

Johann Gottfried Herder beklagte diese Wirkung der Schrift am Ende des 18. Jahrhunderts als Verlust des Hiesigen. Wenn im „gedruckten Babel" der Bücherwelt die Gedanken aller Nationen ineinanderfließen, gefährde die „unzählbare Konkurrenz fremder Gedanken" die ruhige Entwicklung des eigenen Geistes. Herders Freund Jean Paul wiederum, ein Dichter aus Franken, der nicht viel rumkam in der Welt, begrüßte den „überall umherfliegenden Bücherblumenstaub" und sah in der „Universalrepublik" der Bücher eine Garantie dafür, dass kein Geist mehr der „Provinzialversammlung seines Volkes knechtisch angekettet" ist. Der Raum öffnet sich, wenn er Bücher aufnimmt; er wird bunter.[10]

Das gilt auch für andere Medien, erst recht, wenn diese breiter und konzentrierter wirken. Das Fernsehen etwa, das, so der kanadische Medienwissenschaftler Marshall McLuhan, ein „globales Dorf" erzeugt. Der deutsche Philosoph Niklas Luhmann packt die Macht der Medien gleich in den doppelten Genetiv seines Buchtitels: *Die Realität der Massenmedien* – die Massenmedien sind real und bestimmen zugleich, wie wir Realität erfahren.

Das Smartphone hat viele Vorfahren und übertrumpft sie alle. Denn anders als das Fernsehen ist es immer dabei und anders als Buch und Zeitung kennt es seine Besitzerin und kann die Realität speziell auf diese zuschneiden.

Fremdbestimmung

Zum Beispiel Google Maps. Hier unterliegt der Raum (nehmen wir die Torstraße in Berlin Mitte) auch dann, wenn er akkurat dargestellt wird, den Koordinaten, die Google, und nicht etwa die Berliner Stadtverwaltung, kontrolliert. Es sind virtuelle Schilder in einer App, die Orientierung geben, nicht physische Schilder, aufgestellt von der Stadtverwaltung als einer politischen Institution, die den Steuerzahlern vor Ort rechenschaftspflichtig ist.

Die Körperlichkeit der Schilder verhindert die Personalisierung der Realität. Wahrnehmung ist dann nur insofern subjektiv, als Menschen ein und dasselbe Zeichen unterschiedlich verstehen mögen. Erfolgt die Beschilderung virtuell, kann sie ihren Nutzern angepasst werden, so wie die Inhalte in sozialen Netzwerken und in der Suchmaschine. Diese Personalisierung ist gewissermaßen die Rückkehr der Provinzialversammlung, die Jean Paul meinte, nun allerdings global gesteuert. Wobei auch eine kollektive Anpassung im Rahmen kultureller *habits* denkbar ist, wie Googles Produktshow 2021 zeigt. Demnach soll Google Maps den Raum zeitabhängig anzeigen: um acht am Morgen vor allem die Cafés und Bäckereien, um 17 Uhr die Dinner-Restaurants „that match your taste“.[11]

Aber auch wenn Google Maps die Torstraße noch für alle in gleicher Weise zeigt, es zeigt sie anders, als sie sich uns vor Ort darstellen würde. So sieht man auf der Karte den Bubble-Tea-Laden 90 Degree lange vor dem Restaurant Friedel Richter ganz in der Nähe, das erst mit der nächsten Vergrößerungsstufe erscheint. Offenbar hat sich Friedel Richter weniger erfolgreich als der Bubble-Tea-Laden in Googles My Business-Liste platziert.

Das ist kein Vorwurf an Google. Immerhin: Der Verifikationsprozess dieser Liste ist einfach und fair. Aber es ist ein Beispiel dafür, dass wir den Raum, den wir durch ein Medium wahrnehmen, auch nur so sehen können, wie es das Medium erlaubt. Sofern dessen Vorgaben im Silicon Valley erstellt werden, schauen wir mit dem Blick des Silicon Valley auf die Torstraße.

Zu diesen Vorgaben gehört die Rankingposition eines Unternehmens in einer Google-Suche, sein Erfolg also bei der Suchmaschinenoptimierung. Mit einem guten Ranking dort erscheint das Unternehmen auch in Google Maps schon bei kleinem Maßstab, zwei, fünf, zehn Kilometer entfernt, während Unternehmen mit schlechter SEO erst sichtbar werden, wenn man auf der Karte direkt vor ihnen steht.

Sichtbarkeit, traditionell abhängig von der Größe des Gebäudes oder der Platzierung des Firmenschilds, wird zum Ausdruck erfolgreicher PR-Arbeit. Die „Location Authority" – das Potenzial eines Standorts, in Googles Suche gefunden zu werden – liegt nicht im Stein gewordenen Geld, sondern in der Investition aufmerksamkeitsökonomisch relevanter Energien. Ein kleines, umtriebiges Start-up im Hinterhof kann sich so viel eher bemerkbar machen als ein ehrwürdiges Unternehmen mit imposanter Barockfassade. Das erklärt vielleicht auch, warum Google Maps auf der Torstraße noch vor dem Bubble-Tea-Laden den Hairsalon SaidCut anzeigt, und zwar sogar gleich mit Geschäftsdetails: „Deal €25 / Original €38". So jedenfalls der Stand Anfang 2022 – denn im Digitalen ist nichts in Stein gehauen.

Aber auch das Silicon Valley schaut unterschiedlich auf die Torstraße. Navigiert man nicht mit Google Maps, sondern mit Apple Maps, findet man neben dem Bubble-Tea-Laden das Stundenhotel Berlin, und zwar noch ehe das Restaurant Friedel Richter erscheint. Bei Google Maps kann man bis zum Anschlag hineinzoomen, das Stundenhotel kommt nicht zum Vorschein. Pech für frisch Verliebte in Berlin Mitte, die sich tief in der Nacht von Google die Gegend erklären lassen.

Ist Google prüder als Apple? Es sieht ganz danach aus. Aber warum zeigt Google Maps dann das Stundenhotel in Berlin Lichtenberg an? Dass auch das Stundenhotel in der Torstraße erscheint, wenn man direkt danach googelt, sollte nicht überraschen. Natürlich leugnet Google nicht die Orte, deren Existenz einem bekannt ist. Es erschwert nur, sie zufällig zu finden.

Damit nicht genug. Ist das Unternehmen ein Restaurant, hat es auch noch mit Apps wie OpenTable zu tun, über die man kostenlos einen Tisch reservieren kann. Restaurants, die hier mitmachen, zahlen pro Monat und Reservierung. Restaurants, die nicht mitmachen, existieren dann nur noch im realen Raum: also kaum noch, wenn sich immer mehr Digitaldienste vor diesen schieben.

Auch dies ist ein Treppenwitz der Technikgeschichte: Vor einem Vierteljahrhundert begrüßte man das Internet als Ende der Zwischenhändler, als Direktverbindung zwischen einem Unternehmen und seinen Kunden in der ganzen Welt. Bill Gates schwärmte in seinem Buch *The Road Ahead* 1996 vom „friction-free capitalism", in dem Verkäufer und Käufer in direkten Kontakt treten. Was für eine Chance auch für die kleinen Player, sofern sie einen guten Web-Auftritt haben!

Heute ist nicht einmal der Kontakt mit der potenziellen Laufkundschaft ohne App gesichert. Überall schieben sich Dienstleister dazwischen, die uns den öffentlichen Raum (Geschäfte, Restaurants, Hotels) auf ihre Weise vermitteln und dafür zur Kasse bitten – und gern auch noch die Daten mitnehmen, die wir auf diese Weise generieren und die ihnen zusätzlich Geld einbringen. In manchen Fällen drängen die Dienstleister sogar darauf, dass die Einigung zwischen Anbieter und Kundin für letztere nachteilig wäre – die Bestpreisklausel von booking.com – oder dass die Begegnung zwischen Anbieter und Kundin völlig ausbleibt – der direkte Vertragsabschluss bei Airbnb ohne jeglichen Kontakt mit dem Vermieter.

Airbnb, das einst ja gerade mit dem Ziel entstand, Fremde zusammenzubringen, diese nun aber nicht einmal online miteinander kommunizieren lassen will, ist ein krasses Beispiel für die Verlogenheit der Plattformkapitalisten, die sich immer gern damit brüsken, „to make the world a better place". Am Ende geht es nur darum, disruptive Geschäftsbeziehungen zu etablieren – in diesem Falle disruptiv für das Hotelgewerbe – und diese dann so robust wie möglich gegen neuerliche Disruptionen – die Einigung von Vermieterin und Mieter am Vermittler vorbei – abzusichern. Wer sich heute den TED-Talk von Airbnb-Mitbegründer Joe Gebbia anhört, weiß, wie wenig der Gründungsmythos, an dem da gestrickt wird, noch der Realität entspricht.[12]

Dieses Vorgehen stößt einem auch deswegen auf, weil Airbnb – und viele andere digitale Vermittler – im Unterschied zum klassischen Zwischenhändler fast keine Kosten oder Risiken haben: Weder erstellen sie selbst die Profile der potenziellen Geschäftskunden noch können sie auf einer Ware sitzen bleiben; Airbnb besitzt keine Wohnungen, Uber keine Autos.

Was wir beobachten, ist längst kein Kampf mehr zwischen analog und digital, sondern zwischen verschiedenen Stadien der Digitalisierung. Die App – und ihr Mutterschiff: die Plattform – ist das Ende der Webseite, mit der sich Newtons Raum im Cyberspace bemerkbar macht. Was hilft dem Restaurant die schönste Webseite, wenn OpenTable mit Bonuspunkten für jede Reservierung dafür sorgt, dass sich die Gäste nur noch über diese App bei ihm melden.

Kein Wunder also, dass OpenTable, gegründet 1998 in San Francisco, 2014 für über zweieinhalb Milliarden Dollar von der Booking Holdings erworben wurde. Die App passt perfekt zu booking.com, dem OpenTable für Hotels, denen die Booking Holding mit saftigen Provisionen zusetzt und mit ihrer Bestpreisklausel lange Zeit verbot, ihre Zimmer auf der eigenen Webseite günstiger anzubieten als auf booking.com.

Solche Apps, solche Plattformen verzerren die Wirklichkeit noch radikaler als Google Maps. Während dort am Ende jedes Restaurant an seinem Platz erscheint (wenn auch nicht jedes Stundenhotel), ist bei OpenTable oder booking.com nur gelistet, wer kooperiert. Die App produziert eine Ordnung des Raumes auf der Basis finanzieller Zuwendung. Wer nicht zahlt, wird zum digitalen Nicht-Ort. Die App ist die moderne Variante der Schutzgelderpressung.

Das alles ist ärgerlich und das alles kommt hoch im Angesicht des Smombies. Ungerecht? Vielleicht. Immerhin kann man solche Apps auch daheim am Computer benutzen, und wer sagt denn, dass die Smombies, denen wir begegnen, sie überhaupt auf dem Handy haben. Dennoch: Nichts symbolisiert die Veränderung des

Raumes durch das Digitale stärker als Menschen, die ihn navigieren, mit dem Handy voran, wie mit einer Wünschelrute oder einem Metalldetektor, der allerdings nur anzeigt, was anderswo dafür freigegeben wurde.

Entscheidend aber ist, dass die Veränderung, die das Navigieren per App dem Raum bringt, nicht nur für diejenigen stattfindet, die diesen dann auf diese Weise wahrnehmen. Zum einen leben Unternehmen von ihren Kunden. Verlieren sie diese an die Konkurrenz, weil sie nicht genügend in Google Maps investieren oder die Schutzgeldzahlung an OpenTable und booking.com verweigern, werden sie früher oder später in eine billigere Gegend ziehen oder Konkurs anmelden müssen. Zum anderen verwandeln diese Apps den lokalen Ort in einen globalen und setzen ihn mehr oder weniger einer Erwartungshaltung aus, die immer weniger vom eigenen Kiez geprägt ist. Auch das stört an den Smombies: Sie entziehen nicht nur sich dem Raum, sondern zugleich diesen uns.

Zufallsangst

Der tiefere Grund dieses Sich-Entziehens ist die Angst vor dem Zufall oder zumindest ein mangelndes Interesse an diesem. Der Zufall ist das Unbestimmte, das wir umso mehr aus unserem Leben verbannen, je mehr Daten uns dafür zur Verfügung stehen. Der Zufall ist ein zivilisationskritischer Einspruch gegen die „Absolutmachung des Menschen“.[13]

Als der Zufall Mitte des 20. Jahrhunderts in der Kunst beschworen wurde, geschah dies unter dem Einfluss des Buddhismus als „ein elementares, entschiedenes Akzeptieren des Lebens in seiner Unmittelbarkeit“.[14] Ein Offensein für das, was unser Umfeld für uns parat hält. 70 Jahre nach dem Ausflug des Westens in die östliche Philosophie steht fest: Der Zufall hat verloren, gegen die Absolutmachung nicht des Menschen, wohl aber seiner Technik.

Es beginnt mit dem Navi. „In zwanzig Metern links abbiegen! In hundert Metern im Kreisverkehr die zweite Ausfahrt nehmen!“ Wie bequem ist es, so geführt zu werden. Wer wollte heute darauf verzichten. Aber was weiß man vom Raum, dem man auf diese

Weise begegnet? Das Navi ersetzt die Vorhersage der Karte, wie man von A nach B kommt, durch die Ansage, wie man sich bewegen soll. Es befreit von der Orientierung im Raum, der sich fortan ohne Blick durchqueren lässt.

Fände man sich zurecht, wenn das GPS versagen würde oder der Akku? Man fände zurück in den Raum, denn man müsste wieder Straßenschilder lesen, sich an Häusern orientieren, Menschen fragen – und so vielleicht feststellen, wie wenige sich noch auskennen, weil so viele zugezogen sind.

Andere Möglichkeiten, die Macht des Zufalls zu minimieren, sind Apps wie Yelp und Tripadvisor, die uns auf Restaurants, Geschäfte, Hotels hinweisen. Selbst Uber befreit vom Ungewissen: Lange bevor wir ins Auto steigen, sehen wir es auf der Karte, wir kennen den Fahrpreis, wir kennen den Namen der Fahrerin.

Die Gefahr liegt nicht im leeren Akku, sondern im Gehorsam, mit dem wir die Vorschläge der Apps zur Kenntnis nehmen, statt eigensinnig einen Weg zu wählen, der interessant erscheint. Denn was wissen wir schon! Die App aber hat Millionen Daten zur Verfügung. Wie dumm wäre es da, schlauer sein zu wollen.

So erlauben wir der Technik, und den Menschen hinter ihr, unsere Begegnung mit dem Raum zu bestimmen: von den Wegen, die wir nehmen, bis zu den Orten, die wir aufsuchen. Das gilt nicht nur in fremder Gegend. Der Verlust des Raumes wiegt nicht minder schwer, wenn wir diesen schon kennen. Dann betrügen wir uns vielleicht nicht um alternative Wege, wohl aber um alternative Begegnungen.

Im beflissenen Blick aufs Handy entzieht sich das Smombie dem Angebot des Raumes, ihm großzügig diesen und jenen Menschen über den Weg zu schicken, mit der Aussicht auf ein Gespräch, eine Freundschaft, eine Ehe.

Zufallskontrolle

Algorithmen sind für alles gut, selbst für den Zufall. Wer will, kann sich von ihnen vorgeben lassen, wo er den nächsten Monat lebt, welche Plätze er dort besucht und welche Menschen er trifft. So begab sich Max Hawkin ab 2015 für mehr als zwei Jahre dorthin, wohin der Computer ihn schickte, von verlassenen Kneipen im ländlichen Iowa bis zu angesagten Cafés in Taipei. Er wohnte einen Monat an dem Ort, den der Computer auswählte, und suchte dort die Stellen auf, traf die Leute, tat die Dinge, die der Computer vorschlug. Hawkin begrüßte den Zufall als Möglichkeit, „sich von persönlichen und gesellschaftlichen Programmen zu befreien, die einen in einem engen Selbstverständnis gefangen halten."[15]

Es passt zu den vertrauten Paradoxien unserer Zeit, dass Technik zurückbringt, was sie selbst zuvor dem Leben entzog. Geht ein Mensch, der sich auf diese Weise dem Zufall öffnet, mit dem Blick auf den Bildschirm durch den Raum, vorbei am Zufall jenseits der Algorithmen, wirkt es ein bisschen, als werde der Teufel mit dem Beelzebub ausgetrieben.

Ähnlich verhält es sich mit der App Randonautica, die es seit Anfang 2020 gibt. Sie errechnet per Zufall Koordinaten innerhalb eines festgelegten Radius', die seine Nutzer aufsuchen sollen. So kann man außerhalb des eigenen „Wahrscheinlichkeitstunnels" auf Abenteuer stoßen – die sich dann natürlich in den sozialen Medien teilen lassen. Der besondere Kick der App: Sie könnte gehackt sein und ihre Nutzerin ins Verderben schicken. Und manch ein „randonaut" fand auf diese Weise wohl auch schon eine Leiche im Unterholz.

Versprechen kann die App solche Funde nicht. Sie lädt nur dazu ein, sich wieder auf das Unkontrollierbare einzulassen oder gar das Besondere im Banalen zu erkennen, als das sich die Zielkoordinaten oft erweisen. Eine solche Erkundung ohne Ziel ist fraglos ein Gewinn gegenüber Pokémon Go, wo es immer etwas zu sehen und zu fangen gibt, jedenfalls auf dem Bildschirm.

Aber der Zufall lässt sich auch zweckbestimmter organisieren. Mit einer Dating-App wie happn, die anzeigt, welche Mitglieder des Netzwerks sich gerade in der Nähe aufhalten. Die App beschreibt sich im Original-Video bescheiden als Hilfsmittel: „It all starts in real life". Denn die Menschen, die happn zusammenbringt, begegnen sich ja wirklich, im realen Raum: auf der Straße, in der S-Bahn, im Café. Nur nehmen sie da nicht Kontakt auf. Das regelt die App.

Was als technische Unterstützung des Zufalls daherkommt, bedeutet in Wahrheit allerdings dessen Bändigung im Modus der Digitalisierung und Datafizierung. Man kann für jeden Menschen, dem man auf diese Weise ‚begegnet' zunächst den Grad der Interessenübereinstimmung prüfen, bevor man ihm oder ihr ein Like gibt. Der oder die andere sieht das Like wiederum nur, wenn auch er oder sie nach dem Check der Interessenkongruenz likt. Ein geheimer Annäherungsversuch im Schutz der digitalen Technik, wie man es von Tinder kennt. Vorbei die Enttäuschung, wenn man plötzlich der Frau seiner Träume begegnet und den Mut fasst, sie anzusprechen, nur um herauszufinden, dass man nicht ihr Traummann ist oder sie nicht wirklich die Traumfrau.

Happn bändigt den Zufall nicht nur, es kolonisiert ihn auch. Sobald nicht der Raum, sondern die App verkuppelt, bestimmt die Kultur der App-Betreiber die Begegnung. Diese Kultur äußert sich im Interface, mit dem die Betreiber der App die Kommunikation ihrer Nutzer regeln. Wer sehen will, wem man da auf der Straße, in der S-Bahn, im Café begegnet war, muss zunächst ansehen, was es zu kaufen gibt. Werbung ist die Geschäftsgrundlage auch dieser App, wie so oft, wenn man für die Nutzung nichts bezahlen muss. Oberstes Ziel ist nicht das Verkuppeln, sondern der Verkauf von Aufmerksamkeit. Die Kommerzialisierung der Kommunikation hat selbst das Geplänkel potenzieller Paare fest im Griff. Der Kapitalismus liebt das Digitale.

Es ist die Umkehrung jener Umkehrung, die sich in der analogen Welt mitunter auf dem Marktplatz ereignet, wohin man für den Einkauf von Brot und Gemüse kam, um dann nur Augen für das Mädchen mit dem Perlenohrring zu haben. Auf happn könnte die Begegnung damit enden, dass man das Mädchen vergisst und den Ohrring kauft. In jedem Fall aber wird klar, wohin die meiste Aufmerksamkeit, die dem realen Raum entzogen wird, letztendlich geht. Die Technisierung des Zufalls unterstellt diesen der Konsumkultur. Auch das stört uns am Smombie.

„Wer nur das Eigene kennt, wird dieses für das Einzige halten", so kommentieren Soziologen die Dichter, die, wie Oscar Wilde, vom „dogmatism of the untravelled" reden.[16] Das politisch bedeutsame Versprechen des Reisens ist Toleranz für das Andere und reflexive Distanz zum Eigenen. Goethe kam nach Syrakus in Sizilien zwar nicht wie Seume zu Fuß, sondern mit der Kutsche, notiert in seiner *Italienischen Reise* am 20. Dezember 1786 aber trotzdem: „je mehr ich mich selbst verleugnen muss, desto mehr freut es mich".

Man muss für die Erfahrung des Fremden nicht den Heimatraum verlassen, wenn die Welt, per Buch und Bildschirm, in diesen Einzug hält. Und in der Stadt wird die Universalrepublik der Bücher sogar papierlos Wirklichkeit. Darauf zielt die Frage des Stadtsoziologen Robert E. Park schon vor hundert Jahren: „Warum zum Nordpol fahren oder den Everest besteigen, wenn wir Chicago haben?"[17] Für Park ereignen sich die Abenteuer in der Stadt: an den Straßenecken, in den Hotels, Spielhallen, Bordellen. Das Bordell als Ersatz für einen Berg? Seume und Thoreau würden wohl ihre Zweifel haben. Aber man versteht, worauf Park hinauswill: Auch die Begegnung nicht mit der Natur, sondern mit Menschen ist eine Begegnung mit sich. Stadtlandschaft statt Wald und Wiese.

Der urbane Raum ist voll von Vielfalt, der die aufmerksame Passantin tagtäglich begegnet. Jede Straßenkreuzung ist ein Versprechen, umso mehr, wenn es dunkel wird. Genügend Gelegenheiten der Selbstverleugnung. Das Reisen, um das es hier geht, ist keine Frage der Kilometer, sondern der Begegnungen, die es mit sich bringt. Die „Kultur der Stadt" ist eine Kultur des Fremden, der Diversität und der Kreativität, die aus der Befragung des Eigenen in der Begegnung mit dem Anderen folgt.[18] Die Stadt ist das Gegenstück zum Land nicht nur, was Einwohnerzahl, Gewerbestruktur und Kulturangebot betrifft, sondern auch in politisch-moralischer Hinsicht. Das merkt man noch heute in den USA, wo das Gebiet zehn Kilometer entfernt von Universitätsstädten zumeist fest in republikanischer Hand ist.[19]

Wird in der *ambient attention* des Smombies das Andere nur noch als schattiges Hindernis wahrgenommen, unterbleibt dieses Begegnen. Die Stadt verliert so ihr kosmopolitisches Potenzial, das sie von der Enge kleiner Orte abhebt. Das „globale Dorf", wie das Internet in Anlehnung an McLuhan genannt wird, offenbart so seine andere, negative Konnotation. Wobei die Verdörflichung der Stadt noch zusätzlich vorangetrieben wird durch Features wie Googles „area busyness", mit dem sich das Smombie einen Weg durch die Stadt suchen kann, der möglichst menschenleer ist.

Der Verlust der Stadt-Kultur droht auch dann, wenn die virtuelle Parallelwelt, in die das Smombie sich entzieht, ein soziales Netzwerk von globaler Reichweite ist. Denn auch der Bereich, den man im Cyberspace frequentiert, ist oft nur ein Dorf, in dem man sich kennt, prinzipiell einer Meinung ist und Fremde nur zulässt, wenn sie sich entsprechend assimilieren.

Die Filterblase der „eigenen Leute" negiert das Angebot des öffentlichen Raumes, das Angebot, an denen zu wachsen, die einem begegnen mögen mit anderen Erfahrungen und unversuchten Perspektiven. Das Problem ist nicht das Netzwerk mit seiner globalen Reichweite. Das Problem ist die Conditio Humana, die Unstimmigkeiten, Widerspruch und Befremdung zumeist als etwas empfinden lässt, das entsorgt werden muss. Der Mensch versucht genau dies, seit er denken kann. Das Fachwort lautet *confirmation bias*, und es ist älter als das Internet.

„In-Groups", organisiert im Zeichen des Einklangs, des Beifalls und des Abgleichs, gab es auch früher schon. Mit dem Internet verschärft sich das Problem jedoch, weil nun Programme zur Datenanalyse und zur Personalisierung bei dem helfen, was man nicht wollen sollte. Der Algorithmus ist der Vollzug eines falschen Begehrens mit technischen Mitteln, das Smartphone ist sein Erfüllungsgehilfe.

Je mehr Interaktion digital erfolgt, umso effektiver die Kontrolle dessen, was geschieht. „Benutzerfreundlichkeit ist eine schreckliche Idee", sagt deshalb der amerikanische Stadtsoziologe Richard Sennett mit Blick auf Facebooks Filterblasen Anfang 2019, denn „Benutzerfreundlichkeit bedeutet, dass man keine Anreize hat". Sennett setzt auf die Stadt als Schule der Komplexität, die den

Menschen hilft, gelassen zu sein, wenn sie einem Schwarzen begegnen oder einer Migrantin, sie trainiert, mit schwierigen Situationen und fremden Menschen problemlos umzugehen.[20]

Ein anderer Stadtsoziologe, der Deutsche Georg Simmel, äußerte sich in ähnlicher Weise schon im Jahr 1903, als er den Einfluss der Großstadt aufs Geistesleben bedachte. Für Simmel war es das Ungewohnte, das Unregelmäßige, der rasche „Wechsel äußerer und innerer Eindrücke", woraus die „Steigerung des Nervenlebens" und der „intellektualistische Charakter" des Großstädters resultieren.[21]

Der Cyberspace bewirkt, entgegen ursprünglicher Erwartung, einen Rückzug aus dieser Stimulation in den Komfort der Personalisierung. Das, so wiederum Sennett und nicht nur er, bewirkt einen Großteil der politischen Probleme, die wir gegenwärtig erfahren: mangelnde Toleranz für andere Perspektiven, mangelnde Ambiguitätsbereitschaft, mangelnde Geduld, dem Anderen überhaupt zuzuhören.

Crowdsourcing

Die Kommunikationsbedingungen der App sind mehr als ihr Interface, das durch die Programmierer und Managerinnen in den Silicon Valleys dieser Welt kontrolliert wird. Entscheidend ist der Content hinter dem Interface, die Daten, die uns in die eine oder andere Richtung schicken.

Diese Daten kommen von Menschen wie dir und mir. Folge ich der Empfehlung auf Yelp oder den Bewertungen auf booking.com und Google Maps, statt dem eigenen Erkundungstrieb, höre ich auf Menschen, die vor mir vor Ort waren. So bestimmt die Raumerfahrung früherer Reisender meine eigene. Der Neologismus dafür lautet Crowdsourcing; die Sache selbst ist freilich wesentlich älter.

Schon die „Reiseapodemik" vor 200 Jahren sammelte Empfehlungen zu den besten Wegen und Wirtshäusern und verband dies mit der Warnung vor betrügerischen Wirten, schlechten Unterkünften oder Gefahren für Leib und Leben. Seit den Kindheitstagen des Reisens als Massenphänomen zielen Ratgeber auf die Zähmung des Ungewissen. Und die Gefahr beginnt mit der Begleitung, auf die man sich einlässt, wie ein solches Reisehandbuch aus dem Jahr 1801 weiß: „Wenn es möglich ist, so reise man mit Bekannten, und mache, so wenig wie es gehen will, mit fremden Reisegesellschaftern Gemeinschaft."[22]

Die Zähmung des Ungewissen ist eine Grundbedingung des Tourismus'. Man will die Welt sehen, ohne das Leben zu verlieren oder sein Gepäck oder seine gute Laune. Eine besondere Dringlichkeit dieser Zähmung besteht da, wo die Diskriminierung der Reisenden gewiss ist. Das *Negro Motorist Green Book* (1936–1966) des afroamerikanischen Postangestellten Victor Hugo Green in New York war eine höchst notwendige Handreichung für reisende Schwarze, die so wussten, welche Tankstellen, Toiletten, Züge, Hotels, Restaurants, Strände und Theater sie problemlos benutzen konnten.

Dieses ‚grüne Buch für schwarze Autofahrer' – der Verleger hätte sich keinen besseren Familiennamen für seine Publikation ausdenken können – ermöglichte auch jenen eine freie Fahrt, die sich in der US-Gesellschaft jener Zeit noch keineswegs als freie Bürger fühlten. Hier diente das Crowdsourcing dem Schutz vor bösen Überraschungen, wie einer Nacht ohne Bett, Brot und Benzin, die weiße Reisende nicht fürchten mussten. Es war ein existentielles Gebot.

Aber auch unabhängig von Diskriminierung und sonstigen Gefahren werden seitdem fleißig Reiseführer konsultiert. Was also sollte falsch sein am Crowdsourcing, wenn es uns heute auf Risiken hinweist und eine informierte Auswahl unter einer Vielzahl an Angeboten erlaubt?

Ein spezifisches Phänomen des Crowdsourcing ist seine Professionalisierung, wie das Beispiel der VIP-Yelper zeigt, die von einem Restaurant zum nächsten ziehen, nicht weil sie hungrig sind, sondern weil sie ihren Bewertungen auf Yelp möglichst viele weitere hinzufügen wollen. Yelps Management spornt diese Viel-Bewertung aus naheliegenden Gründen an und belohnt sie mit dem Titel „Elite Yelper" und mit freiem Zugang zu exklusiven Veranstaltungen, bei denen gutes Essen und guter Wein serviert werden.

Es bleibt offen, ob auf diese Weise verlässlichere Ergebnisse zustande kommen als bei den Gelegenheitsbesuchern eines Ortes, die man eher bei Yelps Konkurrenz Google findet. Ohne Zweifel jedenfalls sind Yelperinnen im Restaurantgeschäft mehr gefürchtet und gehasst als Gelegenheitsbewerter, denn ein Sternchen Unterschied in der Bewertung auf Yelp ergibt eine Einnahmendifferenz von fünf bis neun Prozent, wobei die Yelper mit Elite-Status fast doppelt so viel Einfluss auf die Entscheidung der Leserinnen haben wie eine Bewertung ohne diesen Status.[23]

Die Zukunft wird zeigen, inwiefern sich Bewertungsplattformen wie Yelp gegen KI basierte Suchagenten behaupten können, die alle Aussagen finden und zusammenfassen, die online zu einem bestimmten Objekt verfügbar sind. Das erübrigt den Besuch auf einer Bewertungsplattform wie Yelp und sabotiert deren Geschäftsmodell, Aufmerksamkeit an Werbekundinnen zu verkaufen. Würde das Ende solcher Plattform auch das Ende des von ihnen forcierten Crowdsourcing bedeuten? Wer würde dann die Daten generieren, die sich von den Suchagenten zusammenfassen lassen?

Vermessungsparadigma

Das Crowdsourcing ist ein Sprössling des Vermessungsparadigmas, das die Digitalisierung und mit ihr die Datafizierung hervorbringen. Vermessen wird dabei nicht nur nach Bedarf. Vermessen wird, was vermessen werden kann, und es beginnt verspielt und unschuldig mit künstlerischen Projekten. So analysierte Christian Nold in seinem Projekt „Emotion Mapping" 2005 mit einem „Galvanic Skin Response"-Apparat die individuelle Erregung seiner Nutzer im städtischen Raum und zeigte, wo Menschen Entspannung empfinden und wo Stress.[24] Das Ergebnis war eine Gefühlskarte der Stadt, die uns, wie Nold sein Projekt beschrieb, den Raum ganz neu wahrnehmen lasse.

Die funktionale Anschlussfähigkeit dieser „Gefühlskarte" zum *Green Book* wird klar, sobald man die Gefühle ethnisch aufschlüsselt: Wo empfinden Schwarze Stress? Wobei sich die Frage beliebig diversifizieren lässt, bis hin zu ihrer kommerziellen Funktion: Wo empfinden Latinos Stress, wo Asiaten, wo Weiße, wo biedere Familienväter, wo gutgelaunte Touristen und zahlungskräftige Konsumentinnen?

Das Beispiel zeigt: Auch der Raum kann einer allgemeinen Bewertung auf seinen Affekteffekt hin unterworfen werden. Mit Smartphone und Wearables ist dies inzwischen freilich leichter und breiter möglich als im Kunstprojekt von 2005. Sei es Gewalt, Krach oder Luftverschmutzung, der Raum kann künftig in Echtzeit gerankt werden. Es ist die moderne Art, seinen Fußabdruck zu hinterlassen: Man bewertet den Raum an entsprechender Stelle, beteiligt sich am Benennen der guten Plätze wie der stressigen, sodass Navigationsapps ihre Nutzerinnen warnen können, wenn sie sich einem gefährlichen Stadtteil nähern. Das technische und soziale Update zur Reiseapodemik und zum *Green Book*.

Das Beispiel zeigt auch: Nicht nur der Krieg ist der Vater aller Technik, wie ein medientheoretischer Allgemeinplatz besagt. Auch die Kunst macht sich schuldig, die naturgemäß mit den Möglichkeiten des Materials experimentiert und so nicht selten Pionierin einer Entwicklung wird, die sie weder voraussah noch begrüßt. *Emotional Cartography* heißt das Buch, das Christian Nold einige Jahre nach seinem Kunstprojekt veröffentlichte – ein Lektüre-Muss vielleicht nicht für Kunststudentinnen, sicher aber für die Advokaten der Smart City, von der gleich die Rede sein wird.

Der nächste Schritt in der Ausweitung der Vermessungslogik ist das drängelnde Crowdsourcing im Namen der Nächstenliebe. „Rate your visit. Help others visiting …“, schreibt Google Maps dem Smartphone, sobald es sich irgendwo länger als zehn Minuten aufhält. „How is your stay so far?“, fragt booking.com schon nach der ersten Nacht, wobei die rasche Wahl unter vier gar nicht oder sehr zufrieden lächelnden Gesichtern in den Rubriken Lärmpegel, Sanitätsanlage und Zimmeraussicht noch nicht aus der Verantwortung entlässt. Am Ende des Aufenthalts soll eine „full review“ her, in der kein Kreuz oder Klick an der entsprechenden Stelle genügt. „Could you tell us a little more? What didn't you like? What did you like?“, nervt das System und hofft, ich gebe nach, um anderen bei der Reiseplanung zu helfen und booking.com beim Wachsen.

Jeder Bahnsteig, jede öffentliche Toilette untersteht heute potenziell der Bewertung ihrer Nutzerinnen. Die Vermessung des Öffentlichen macht vor dem Raum nicht halt. Manche nennen es Demokratisierung, denn so können alle, ohne Ansehen der Person, ihre Meinung kundtun. Andere sehen darin eher ein Mittel, die Bewertenden daran zu gewöhnen, selbst bewertet zu werden. Demokratisierung hin, Manipulation her, Tatsache ist, dass auch hier das Geld regiert. Jedenfalls, sobald die Welt jenseits von Bahnsteig und Toilette liegt und die Bewertung online erfolgt.

Clevere Geschäftsleute investieren nicht in Werbung, sondern in den Kauf von Bewertungen. Denn nichts wirbt so sehr für ein Restaurant wie zufriedene Kunden. Beim Review- und Ratingmanagement-Unternehmen Fivestar Marketing bekommt man (im August 2023) zehn Tripadvisor-Bewertungen schon für 144 Euro, wobei sich das betrügerische Geschäftsmodell dreist als Korrektur des Betrugs präsentiert: Gute Bewertungen kaufen sei die einzige Möglichkeit, sich gegen „Fake-Bewertungen" durch die Konkurrenz oder undankbare Kundinnen zu wehren. Wer zahlt, steht besser da; das soziale Kapital hängt letztlich vom ökonomischen ab. Auch dies ist eine Form der Schutzgelderpressung, die freilich schon den gedruckten Reise- und Restaurantführern nicht ganz fremd ist.

Die beste Form der Vermessung findet daher im Untergrund statt, als Analyse statt Befragung. Man untersucht Posts in sozialen Netzwerken auf ihre Stimmung hin und ordnet diese ihren Absenderorten zu. Wo werden welche Adjektive (schön, langweilig, laut, lustig) und Substantive (Hochzeitsfeier, Jazz, Blumen, Tränen) benutzt? In welchen Räumen beschreiben sich Menschen als glücklich, in welchen treffen sie ihre Freunde? Jede Kommunikation *an* einem Ort wird so zu einer Kommunikation *über* ihn. Es ist die vielleicht nicht ganz zulässige, aber in jedem Fall zuverlässigere Form des Crowdsourcing, die ihre Teilnehmer nicht Auskunft geben lässt, sondern heimlich als Datenquelle anzapft. Alles was es dazu braucht, ist ein Computer in ihrer Hand.[25]

Erstaunlich, wie sich das Blatt gewendet hat. Erstaunlich aber auch, wie sich die Versprechen gleichen. Zwölf Jahre nach Apples glorioser Kampfansage gegen Big Brother war es das Internet, das Erlösung verhieß. 1996 erklärt der Cyberspace, oder die, die glaubten, für ihn sprechen zu können, seine Unabhängigkeit gegenüber den „Governments of the Industrial World", diesen müden „giants of flesh and steel", diesen Vertretern „of the past".[26]

Auch das ist verdammt lang her. Inzwischen hoffen viele Bewohnerinnen des Cyberspace auf die Intervention eben dieser Regierungen, hoffen auf Gesetze, die vor Fake-News und Hate-Speech schützen, begrüßen, dass, wie die EU im Frühjahr 2022 mit dem Digital Service Akt bekundet, die Gesetze der Offline-Welt auch online gelten.

Wir erleben die Rückeroberung der Informationshoheit im Cyberspace durch die Kräfte, die offline das Sagen haben: sei es innerhalb eines Verbundes von Nationalstaaten wie die EU oder innerhalb von Nationalstaaten wie China und Russland, die Mauern im Internet errichten und global operierende IT-Unternehmen nationalen Vorgaben und Zensurmaßnahmen unterstellen.

Das ist allerdings noch nicht das Verbrechen. Das ist nur der Bruch des Versprechens, ein Hort der Freiheit zu sein unabhängig von jener Macht, die offline das Leben bestimmt. Das Verbrechen beginnt, wenn der Cyberspace selbst zum Werkzeug der Kontrolle wird.

Das Volk ist den Regierungen der alten Welt nicht in den Cyberspace entwischt, es wird für sie dort erst so richtig transparent und kontrollierbar. Es wird steuerbar, das besagt der griechische Begriffsursprung (*kybernētikḗ*: steuern, kontrollieren) und das verspricht 1948 Norbert Wiener mit seinem Buch *Cybernetics. Or Control and Communication in the Animal and the Machine*. Wird dieser kybernetische Raum, als Gerät in der Hand seiner Nutzer, durch die alte Welt aus Fleisch und Stahl getragen, baut er diese keineswegs im Geist der Freiheit um, wie Apple 1984 versprach, sondern dient der Kontrolle und Steuerung, wie Orwell es 1948 in *1984* beschrieb.

Spätestens seit der Diskussion um die Tracking- oder Tracing-Option der Corona-App 2020 ist allgemein bekannt: Das Smartphone verrät seine Nutzerinnen. Es erlaubt die Erstellung punktueller Bewegungsprofile, die durch einen Überschneidungsabgleich mit anderen Bewegungsprofilen leicht zu Begegnungsprofilen ausgebaut werden können. Und es erlaubte den Behörden (in Taiwan, in Südkorea), die Einhaltung der Quarantäne zu überwachen: Ein Anruf genügt und man sieht, über welchen Sendemast das Smartphone der Bürgerin Kontakt hat.

Durch Newtons Raum getragen, ergibt der Cyberspace keineswegs die große Freiheit, sondern die intelligente Stadt, in der nichts mehr unbemerkt geschieht. Keine Information geht dann dem kybernetischen Regelkreislauf verloren. Die Smart City ist die *Safe city*, denn Digitalisierung bedeutet Datafizierung, und was als Datum vorliegt, kann analysiert werden, und was analysiert ist, lässt sich steuern, hin zum Guten, hin zur Ordnung.

Dass ausgerechnet Google, der größte Datenmonopolist des Cyberspace, eine solche intelligente Stadt in Torontos Bezirk Quayside plante, erstaunt wenig. Erstaunlich ist eher, dass dieses Vorhaben schließlich doch nicht realisiert wurde, zum Bedauern nicht nur von Google, sondern auch des kanadischen Premierministers, der darin den vielversprechenden Versuch sah, die Probleme einer modernen Stadt durch den Einsatz moderner Technologie zu lösen, frei nach der Losung: Besser Leben durch Daten.

Für Kritiker ist diese Zukunft schon in der Vergangenheit in Verruf geraten. Hieß es nicht einst: Besser leben mit Plastik? Jetzt erstickt die Welt im Plastikmüll. Auch Daten können die Umwelt belasten, wenn sie Handlungsvielfalt abbauen und Individuen auf „normale" Verhaltensweisen festlegen. Auch dieser Müll lässt sich nicht so leicht wieder abbauen.

Für ihre Kritikerinnen ist die smarte Stadt der nächste Schritt zur Überwachungsgesellschaft – die im Englischen alternativ zu *surveillance* nun auch *dataveillance society* heißt. Google werde die Daten, die diese Stadt über ihre Bewohner liefert, für sein Geschäftsinteresse nutzen, so die Opponenten des kanadischen Premierministers. Das Schlagwort zum Vorwurf macht längst die Runde: Überwachungskapitalismus. Überwachung nicht, um zu bestrafen, wie in Orwells *1984*, sondern um personalisierten Service anzubieten, personalisiertes Nudging inklusive.

Diese schöne neue Welt ist nicht so schlecht, denkt Google, denkt vielleicht der kanadische Premierminister, denken zweifellos viele Überwachungskapitalistinnen. Auch manche Soziologen denken so und versprechen sich von der besseren Analyse gesellschaftlicher Daten eine Verbesserung der Gesellschaft. Die Logik dieser Schule besagt, je mehr, umso besser. Also wünscht man sich eine digitalisierte Interaktionsarchitektur, um die Stadt in einen datenreichen, dynamischen und reaktionsfähigen Organismus zu verwandeln.[27]

Kritikerinnen sehen darin nicht mehr als eine positive Umdeutung klassischer Überwachungsinstrumente.[28] Auch das hindert eine wachsende Menge an willfährigen Nutzern allerdings nicht daran, großzügig ihre Daten zu verschenken und, diese Vermutung drängt sich auf, zu hoffen, einst in einer Google-Stadt wohnen zu können. Aus der Perspektive dieser Menschen haben die Kritiker mit ihrer Warnung vor Überwachung und ihrem mantrahaften Drängen auf informationelle Selbstbestimmung nur noch nicht die Zeichen der Zeit verstanden.

Daten-Allmende

Die Sache ist komplizierter als dies. Die Frage ist nicht bloß, welche Daten durch wen erhoben oder „extrahiert“ werden dürfen. Die Frage ist auch, wem die Daten gehören. Schon heute wissen die Plattformen in vielerlei Hinsicht mehr über eine Stadt als deren Verwaltung: Uber besitzt die Bewegungsdaten der Bürgerinnen, Airbnb weiß, welche Privaträume heimlich als Hotelzimmer benutzt werden, die Daten smarter Thermostate (wie Nest Thermostat, das Google gehört) geben Aufschluss über die Tagesroutine der Bewohner.

Es geht gar nicht per se um die Vermeidung der Daten einer smarten Stadt. Es geht um ihre Vergesellschaftung: damit sie kommunal kontrolliert werden können, damit die Wettbewerbsfähigkeit dezentraler, lokaler Unternehmen garantiert werden kann.[29]

Es geht letztendlich um das gemeinsame Eigentum an den Daten der Stadt, es geht um die intelligente Stadt als Allmende.

Die intelligente Stadt wird kommen, auch wenn Googles Projekt in Toronto vorerst abgesagt wurde. Zu vieles diesseits und jenseits überwachungskapitalistischer Auswüchse spricht für sie: optimierte Verkehrsführung, effektiver Energieeinsatz, erhöhte Sicherheit, flexible Verwaltung. Alles höchst willkommene Aussichten, die schwerer wiegen als der Datenschutz.

Es wird nicht dabei bleiben, dass die Ampel auf Grün springt, wenn sie kein Objekt mehr sieht, das dagegen spräche. Oder dass man weiß, wie viele freie Parkplätze es gerade dort gibt, wo man hin muss. Oder dass die Straßenbeleuchtung nur da angeht, wo es Bewegung gibt. Will man wirklich verstehen, was in der Stadt passiert, braucht man sensiblere Daten, Daten mit Namen und Adresse. Anonymität ist keine gute Idee für die smarte Stadt, die man sich eher wie eine digitale Plattform vorstellen muss, auf der alle Aktionen ihrer Mitglieder zusammenlaufen. Ihr Operationsmodus lautet *predictive analytics*, ihr Versprechen ist das Ende des Zufalls. Werden Zeit und Raum in den Cyberspace aufgesogen, produziert jede Minute, jeder Zentimeter ein Datum.

Die Erfüllungsgehilfen des Cyberspace aber sind die Smartphones. Je mehr an Leben durch sie geschieht, umso mehr davon lässt sich datafizieren und analysieren und voraussagen und steuern. Das Smartphone ist die Datenfabrik des Cyberspace, die Vorreiterin der Smart City.

Ganz gleich ob sie am Bildschirm Videos schauen, mit ihrem sozialen Netzwerk kommunizieren oder sich per Google Maps durch die Gegend dirigieren lassen, die Smombies tragen die Zukunft in das Stadtbild der Gegenwart: Die Absolutmachung der technischen Steuerung. Sie symbolisieren den Anschluss an ein Terminal, der zwar noch nicht so invasiv daherkommt wie ein Implantat im Gehirn, aber immerhin schon die Funktion der permanenten Adressierbarkeit erfüllt.

Diese Adressierbarkeit kann leicht zu einer kybernetischen Rückkopplung ausgebaut werden. Die Anzeige bestimmter Geschäfte durchs Navi oder durch die Uber-App am Zielort einer Fahrt lässt sich auch personalisieren, so wie die Werbung, die in sozialen Netzwerken oder beim Reisen durchs Internet eingespielt wird. Wenn mir Google Maps die Stadt nicht mehr so zeigt, wie sie dort eingetragen ist, sondern so, wie ich sie wahrscheinlich sehen will, also die Buchläden zuerst, lange vor Stundenhotel und Bubble-Tea-Laden, dann ist klar: Es lässt sich kein Schritt mehr tun, der nicht vermerkt und irgendwie mit mir selbst flankiert wird.

Gewiss, auch die Kameras an öffentlichen Plätzen beobachten uns. Aber die wissen immerhin nicht, woher wir kommen und wohin wir gehen. Und wenn sie es doch wissen, weil sie miteinander kommunizieren und mich mit einer Software für Gesichtserkennung leicht durch die ganze Stadt verfolgen können, dann wissen sie zumindest noch nicht, was ich beim Gehen denke. Die Überwachungskamera ist, trotz Vernetzung und Software, das Relikt der industrialisierten Welt.

Das Smartphone aber ist das Medium der Informationsgesellschaft, eine ‚Kamera im Kopf', die zugleich aufnimmt und sendet. Mit dem Smartphone geben wir nicht nur unseren Aufenthaltsort preis, mit ihm geben wir nicht nur preis, mit wem wir was wo besprechen. Mit dem Smartphone lassen wir uns diesen Aufenthaltsort auch in einem bestimmten, in der Zukunft uns zugedachten Licht zeigen.

Das Smartphone ist Kamera und Projektor zugleich: Es sammelt Informationen und verteilt sie, es sieht und spricht. Das Smartphone ist das trojanische Pferd der totalen Kontrolle und Manipulation, und die Smombies reiten es, willfährig oder naiv, hemmungslos durch die Stadt!

Vielleicht ist es *das*, was so unangenehm an ihnen aufstößt: diese Kollaboration mit einer unerwünschten Zukunft.

Flaneur

In den 1960er Jahren streunten Menschen manchmal ziellos durch die Stadt. Sie waren Teil einer Performance, die den Trott des Alltags durchbrechen und einen neuen Blick auf das mehr oder weniger bekannte Umfeld ermöglichen wollte; ein Aufgriff der Geste des Flaneurs in politischer Absicht.

Das Konzept dieses politisch hoch aufgeladenen Umherstreifens und Sich-Treiben-Lassens entwickelte Guy Debord 1956 in seiner „Théorie de la dérive", in der sich die Gesellschaftskritik ankündigte, die 1967 sein Manifest *Die Gesellschaft des Spektakels* bestimmen sollte. Die *dérive* – in kleinen Gruppen oder auch allein – lud zur Zufallsbegegnung mit dem Raum und seinen Menschen ein, zur Schaffung unkontrollierter Situationen als Unterbrechung des Alltäglichen, Normalen, Normativen – ein bisschen wie heute Randonautica, dessen Gründer von Debords Dérive-Konzept inspiriert war,[30] oder wie die Dérive-App, die es natürlich auch gibt, inklusive „Dérive Day" zur kollektiven Bündelung des Umherstreifens.

Dreißig Jahre später gab es die Hoffnung, die Figur des Flaneurs könne im Cyberspace auferstehen. War dieser Raum nicht wie geschaffen für das ungestörte, absichtslose Flanieren von Website zu Website, von Person zu Person! Der Widerspruch war bald klar: Das Inkognito des klassischen Flaneurs ist dem digitalen versperrt. Im Cyberspace schaut niemand, ohne zugleich gesehen zu werden. Das mag in den Anfangstagen des WWW nicht allen bewusst gewesen sein, hat sich inzwischen aber herumgesprochen. Im Internet ist der Flaneur selbst das Objekt der Beobachtung.[31]

Die Beobachtung ist allerdings nicht reziprok. Der digitale Flaneur wird nicht von denen gesehen, die er sieht. Es ist eine dritte Instanz, die genau vermerkt, welche Webseite, welches Bild auf Instagram, welches Produkt auf Amazon der Flaneur betrachtet. Das interesselose Wohlgefallen an allem, was ihm im Cyberspace begegnet, mag das Flanieren für den Flaneur über jeden konkreten Funktionszusammenhang erheben, nicht aber für die, die ihn derweil als Kunden vermessen, um künftig seine Wege zu bestimmen. Die vielbeschworene Subversivität des Flaneurs – so eindringlich beschrieben in Charles Baudelaires *Le Peintre de la Vie Moderne* (1863) und in Walter Benjamins *Passagen-Werk* (1927–1940) – unterliegt im Cyberspace der genauen Erfassung seiner Datenspur.

Die *dérive* der Situationisten führte in letzter Konsequenz zum *détournement*: die widerspenstige Aneignung kultureller Gegenstände, Begriffe, Räume und Situationen durch die Zerstörung ihrer scheinbar natürlichen Logik und scheinbar logischen Natur.

Ein Beispiel für die Neubestimmung des Raums sind die 18 000 nackten Menschen, mit denen der amerikanische Fotograf Spencer Tunick am Morgen des 6. Mai 2007 den drittgrößten Platz der Welt bedeckte, den Zócalo im Zentrum von Mexiko City.

Wenn Tausende Mexikanerinnen (und solidarische Touristen) sich vor den Repräsentationsbauten der staatlichen und religiösen Macht (der Metropolitan-Kathedrale, dem Nationalpalast, dem Obersten Gericht) völlig entkleiden, ist dies im erzkatholischen Mexiko ein unübersehbares Votum. Der Zócalo, traditionell Ort sozialer und politischer Kundgebungen, ist in dieser symbolischen Entkleidungsaktion selbst Objekt der Intervention. Das unvergessliche Bild, das daraus entsteht, ist so viel kürzer als die Verhüllungsaktionen von Christo und Jeanne-Claude und erinnert doch viel stärker als diese daran, dass die Neubestimmung des Öffentlichen in der Öffentlichkeit beginnt.

Es erstaunt kaum, dass in einer Zeit, da der Überwachungskapitalismus durch mobile Geräte und Lokalisierungstechnologien den öffentlichen Raum kolonisiert, sich die Philosophie für das politische Potenzial physischer Präsenz interessiert: für die versammelten Körper als Ausdruck einer Idee.[32] Immerhin: „Die Straße ist die Tribüne des Volkes – überall dort, wo es von den anderen Tribünen ausgeschlossen wird“, wie der Satz lautet, der in den Anfangstagen des World Wide Web, am 4. November 1989, die größte nicht-staatliche Massendemonstration in der Geschichte der noch existierenden DDR eröffnete. Eine halbe Million Menschen hatte sich auf dem Berliner Alexanderplatz versammelt. Was für eine Feier der Straße als Ort einer alternativen Politik! Und wie symbolisch der Spruch von dort – übernommen aus der Zeit der 68er-Demos im Westen – zu den Fenstern hinauf: „Leute, lasst das Glotzen sein, kommt herunter, reiht euch ein!“

Das Glück des Öffentlichen ist eine Dimension menschlicher Existenz, die sich dem Subjekt erschließt, wenn es mit anderen interagiert. Die Verheißung des öffentlichen Raums ist die unkontrollierte Energie, die er zu erzeugen vermag. Im Zeitalter der Digitalisierung und Dataveillance ist der öffentliche Raum vielleicht eine der letzten Heterotopien, wie der französische Philosoph Michel Foucault jene Räume nennt, in denen die herrschenden

Regeln nicht mehr oder noch nicht gelten: „Widerlager", „Orte außerhalb aller Orte", so wie das Bordell oder die Bibliothek, dieser „Ort aller Zeiten" gegen die Zeit vor Ort.[33]

Die Straße ist das Gegenstück zum Cyberspace, der einst selbst als *die* Heterotopie antrat. Ein jüngeres Beispiel für die heterotopische Dimension des öffentlichen Raumes, das die Geste des Umherstreifens und Flanierens politisiert, sind (ganz gleich wie man dazu persönlich steht) einerseits die „Corona-Spaziergänge", als die Ende 2021 Querdenker und Impfgegner ihre unangemeldeten Demonstrationen tarnten, andererseits die Spaziergänge iranischer Frauen ohne Kopfbedeckung, die sich Samstags und Mittwochs (die traditionellen Demonstrationstage im Iran) in Gruppen oder allein für Stunden durch die Innenstadt bewegen, oft demonstrativ an Polizeistationen vorbei, als stille Fortführung der Proteste, die es in Reaktion auf den gewaltsamen Tod von Mahsa Amini gab.[34]

Natürlich hat auch der Cyberspace seine heterotopischen Räume und Momente, womit nicht nur das Dark-Web gemeint ist. Als im Kontext jener Proteste im Iran Frauen sich öffentlich die Haare abschnitten, gingen die Videos dazu im Netz viral und wurden bald durch Home-Videos des Haareschneidens ergänzt. Bekannt ist auch, dass Bloggerinnen und Vlogger ihre Kritik an politischen Zuständen mittels Cyberspace öffentlich machen, ohne die Wohnung verlassen zu müssen, und zwar so wirkungsvoll, dass nicht wenige unter ihnen Opfer von Gewalt wurden. Schließlich kann der Cyberspace auch heterotopisch in den öffentlichen Raum hinein wirken, wenn er dort Fremde als Flashmob zu einer gemeinsamen Aktion zusammenbringt. Es ist dann nicht mehr die Straße, die die Zuschauerinnen aufruft, sich einzureihen, es ist die Absprache online, sich offline zu treffen.

Ist der Flashmob die zeitgenössische Variante zu Tunicks Nackten und der Cyberspace die zum *détournement*? Der Flashmob kann durchaus so gesehen werden. Der Cyberspace führt insgesamt allerdings, so die Befürchtung, eher zur *recuperation*, wie die Situationisten die Gegentaktik zum *détournement* nannten, mit der eine subversive Aktion kooptiert, absorbiert, entschärft, neutralisiert wird. Denn wie anders soll man Phänomene wie den *armchair activism* oder „One-Click-Protest" nennen, die der Cyberspace mit sich gebracht hat? Dieses niederschwellige Engagement von denkbar geringer Intensität – das nicht verwechselt werden darf mit der lebensgefährlichen Courage jener Blogger und Vloggerinnen – schafft oft statt „der Mobilisierung der Massen die Gewissensberuhigung des Einzelnen" und konterkariert so *im* ‚Protest' die Idee des Protests.[35]

Prinzipiell ist der Cyberspace, trotz seiner ursprünglichen Versprechen und erwähnten Ausnahmen, kein Ort des Widerstandes oder auch nur der Unabhängigkeit, sondern einer der Kontrolle. Denn er untersteht letztlich immer den Regeln derer, die am Backend des Interface den Informationsfluss kontrollieren, was schon per Definition ein anderes Machtgefüge ergibt als das, was auf der Straße passiert.

Einen publikumswirksamen Einblick in dieses Machtgefüge gab die Entdeckung, dass das Datenanalyse-Unternehmen Cambridge Analytica im US-Präsidentschaftswahlkampf 2016 für seinen Kunden Donald Trump den Facebook-Nutzern gezielt verschiedene Videos zuspielte. Die einen erhielten ein Video, in dem sich Hillary Clinton abschätzig über afroamerikanische Straftäterinnen äußert, die anderen ein Video, das Clinton als Interessenvertreterin der Schwarzen zeigt. Das Kalkül bestand darin, dass beide Gruppen nicht für Clinton stimmen, wenn auch aus gegensätzlichen Gründen.

Die Empfänger dieser Videos wussten nicht, dass auch andere ein solches Video oder eben das andere Video erhielten. Facebooks Funktion der „Dark Posts" erlaubte seinen Kundinnen (das sind die, die für Werbeanzeigen bezahlen), seinen Nutzern (sie sind das Produkt, das Facebook verkauft) Botschaften zu senden, die auf ihre politische Perspektive abgestimmt waren, ohne dass diese Posts in ihrer Timeline erschienen und für ihre Facebook-Friends sichtbar wurden. Geheime Nachrichten, deren Geheimnisstatus vor allem die Absenderinnen davor schützen soll, als Manipulatoren aufzufliegen.

Sind die Subjekte über das Netz miteinander verbunden, sind sie zugleich voneinander isoliert. Die Personalisierung der Kommunikation überschreibt den Kollektivismus des öffentlichen Raumes.

So wie Tunicks schweigsame Nackte die Stimme der Straße verkörpern, so symbolisiert das Smombie deren Verstummen.

Es ist dieser Verrat des Potenzials unkontrollierter Begegnungen und Energie im öffentlichen Raum, was am meisten am Smombie ärgert.

Raumentsorgung

Die gesellschaftliche Bedeutung der Medien liegt auch in der Trennung, die sie vornehmen. Wenn das ‚Fahrzeug' Smartphone vom Raum zwischen A und B trennt, trennt es zugleich von den Menschen, die einem dort begegnen könnten. Die Obdachlosen, die Straßenmusiker, die UNICEF-Aktivistinnen und die von den Nationalsozialisten verfolgten Juden, an die die *Stolpersteine* des Künstlers Gunter Demnig erinnern, zehn Zentimeter breite Betonquader auf den Gehwegen (inzwischen nicht nur) deutscher Städte. Sie alle verkommen in der *ambient attention* der Smombies zu Objekten, mit denen es eine Kollision zu vermeiden gilt.

Natürlich kann man sich auch per Smartphone darüber informieren, wie sich UNICEF oder eine kommunale Hilfsorganisation unterstützen lässt. Natürlich kann man sich auch in sozialen Netzwerken der Filterblase entziehen oder Mitglied einer politischen Diskussionsgruppe werden. Selbst eine App gab es dazu schon, 20 Day Stranger, die, zwischen 2013 und 2017, eine intime Verbindung mit einer fremden, anonymen Person herstellte und 20 Tage lang in beide Richtungen über die Aktionen, Gedanken und Gefühle der so einander verbundenen Fremden informierte. Dass dieses gut gemeinte Experiment schließlich eingestellt werden musste, bestätigt: Möglichkeit ist nicht genug. Die Frage lautet, ob man sich zu dem, womit man sich beschäftigen *könnte*, verhalten *muss* – wie es der Fall ist, wenn im analogen öffentlichen Raum der Bettler oder die Aktivistin einem in den Weg tritt oder ein anderer „Stranger".

Ebenso lassen sich per Smartphone raumspezifische Erinnerungsprojekte organisieren, die den Intensitätsgrad von Stolpersteinen noch steigern. Per App und GPS können viel mehr Informationen über die Opfer viel einfacher vor ihren einstigen Wohnhäusern auf den Bildschirm gespielt werden. Vergangenheitsaufarbeitung geht auch als Augmented Reality. Aber wäre es noch der Raum, der dann spricht? Kann man über etwas stolpern, das man sich selbst hinlegt?

Sobald das Stolpern ins Handy wandert, hat der Raum seine Macht über uns verloren. Wir müssen dann schon sein, wozu er uns erst machen will: interessiert am Schicksal der Menschen, die er enthält oder eben verlor. Der Raum kann keine App für uns installieren.

Ihre Unaufmerksamkeit für das, was um sie herum passiert, mag gelegentlich dazu führen, dass Smombies durch ein Auto von der Bildfläche verschwinden oder in einem Fluss. Ebenso bedauerlich aber sind die Kollateralschäden ohne sichtbaren Unfall: das Verschwinden der Bettler, der Aktivistinnen, der Fremden, der Toten. Die Smombies nehmen sich, wenn sie ihre mangelnde Aufmerksamkeit überleben, die Straße – nicht im Sinne des politischen Aktivismus, sondern im Sinne seiner Entschärfung, nicht als *détournement*, sondern als *recuperation*.

Das Smartphone ist – als Technologie, die uns von unserer Umgebung trennt – in einem tieferen Sinne unmoralisch. Man kann sich leicht vorstellen, wie sehr die Aufmerksamkeits-Ethikerin Simone Weil unter dieser Technologie und den Gestalten, die sie im öffentlichen Raum hervorbringt, gelitten hätte. Für die 1943 verstorbene französische Philosophin war Aufmerksamkeit die seltenste und reinste Form der Großzügigkeit, und Demut war für sie nichts anderes als aufmerksame Geduld. Diese Geduld fehlt, und mit ihr die Demut und die Empathie.

Wenn das Smartphone ein Fahrzeug ist, weil es den Raum zwischen A und B tilgt, stellt sich die Frage, wohin sich dieses Fahrzeug bewegt, in einem tieferen Sinne. Welche Zukunft verkündet die Botschaft, die es als Medium ist?

Man ahnt die Antwort an Orten, Rio de Janeiro ist einer davon, wo die Nutzung und Bedeutung des öffentlichen Raumes noch enger als anderswo mit der sozialen Schicht verbunden ist, der man angehört. Orte, wo sich die gesellschaftliche Segregation nicht nur an der Schule zeigt, die man besucht, und an den Geschäften, in denen man einkauft, sondern schon am Verkehrsmittel, das man benutzt.

In Rio treffen der Mittelstand und die prekär oder gar nicht Beschäftigten nicht in der S-Bahn aufeinander. In Rio benutzen fast nur die armen Bevölkerungsschichten, zumeist Schwarze, die öffentlichen Verkehrsmittel, hin zu ihren Wohnvierteln, in die sich kein Reicher, zumeist Weiße, wagt, der auf dem Highway, unterwegs zu einem luxuriösen Strandhotel, durch sie hindurchrast und betet, dass er auf dieser Strecke keinen Motorschaden hat. Es sind Orte, wo *gated communities* – Wohnanlagen mit Absperrungen, Kameras und Wachpersonal (das mit den öffentlichen Verkehrsmitteln zur Arbeit kommt) – zur Normalität der Oberschicht gehören, die sich hinter getönten, schusssicheren Autofenstern durch die Stadt bewegt, wenn nicht im Hubschrauber über ihr.

So hält man sich den unteren Teil der Gesellschaft vom Leib und ist glücklich ohne schlechtes Gewissen. Aber es bleibt auch die Angst. Man kann den öffentlichen Raum, man kann die Straße, diesen Ort des Zufalls und der Spontaneität, diesen Ort der Energie und des Protests, nicht den Abgehängten überlassen. Er muss auch ihnen, die seiner am meisten bedürfen, entzogen werden. Das Mittel dazu ist das Smartphone. Mit ihm lässt sich die soziale Unwirtlichkeit der Städte ertragen, mit ihm gehen selbst die Armen den Armen aus dem Weg. Das Smartphone ist mehr als U-Bahn und Flugzeug: Es ist der Helikopter (oder Volocopter) des kleinen Mannes.

Vielleicht ist es diese Aussicht auf eine unmenschliche Gesellschaft isolierter Individuen, die uns wirklich ärgert, sofern es uns ärgert, wenn wir einem Smombie begegnen. Aber auch das ist noch nicht alles.

Metaverse

Die Entsorgung des öffentlichen Raumes steht unter einem neuen Schlagwort, seit Facebook, ein Globalplayer des Cyberspace, sich im Oktober 2021 in Meta umbenannte. Die Zukunft des Internets ist das „Metaverse“, sagt Mark Zuckerberg, der darin den neuen Zielpunkt seiner alten Mission sieht, alle Menschen dieser Welt miteinander zu verbinden.

Das Metaverse ist das Update zum Cyberspace und knüpft dabei vor allem an Computerspiele und Parallelwelten wie Second Life an. Hier begegnet man sich nicht mehr zweidimensional per Text und (bewegtem) Bild auf einer Webseite, sondern dreidimensional als Avatar. Die Schnittstelle, durch die man in diese Welt eintritt, ist kein Bildschirm, es ist ein 3D-Headset wie etwa Oculus Quest von Facebook beziehungsweise Meta, das nun als Meta Quest vermarktet wird.

Das Metaverse vollendet den stattfindenden Raumverlust durch die Schaffung eines völlig neuen Raumes. Es ist ein Raum, in dem man alles macht, was man auch „draußen" macht: arbeiten, studieren, einkaufen, Leute treffen, ins Kino gehen, Konzerte besuchen – nur dass man sich nun nicht mehr von A nach B auf den Weg machen muss, sondern seinen Avatar blitzschnell dorthin beamen kann. Im virtuellen Raum gibt es keinen Zwischenraum mehr – und damit auch keine Zwischenzeit.

Der Wechsel in den virtuellen Raum ist nicht nur ein alter Traum der Science-Fiction. Er wird auch durch Realphänomene angetrieben, wie die Covid-Pandemie, die dazu führte, weitere Teile des gesellschaftlichen Lebens ins Internet zu verlagern: Home-Office, Home-Schooling, Online-Shops, Streaming-Kino, Bildschirm-Konzerte et cetera. Man verlässt nicht mehr das Haus, um Dinge zu erledigen, man geht ins Internet, womit bereits das entfiel, was der öffentliche Raum, zumal in der Stadt, an Zufall und Welt zu bieten hat. Es gibt keine Zufallsbegegnung, wenn man online einkauft oder Heimkino schaut. Es gibt auch keine Zufallsgespräche, wenn bei Bildschirmmeetings alle die Pause für sich verbringen, statt sich am Kaffeeautomaten zu treffen oder zum Snack im Restaurant um die Ecke.

Von dieser Immobilisierung ist es mental nur ein kleiner Schritt zum Metaverse, wo mein Avatar für mich unterwegs ist. Man sieht sich dann in einer Arbeitsbesprechung oder Unterrichtstunde nicht mehr als Gesichter am Computerbildschirm, man sitzt mit seinem Avatar am Tisch gemeinsam mit den Avataren der anderen und schaut auf einen Hologramm-Bildschirm.

Ob diese Konstellation das Pausengespräch am Kaffeeautomaten zurückbringt, bleibt fraglich schon deshalb, weil Avatare ja nicht wirklich Kaffee trinken können. Auszuschließen ist es nicht, dass sich im Metaverse genau das erfüllt, was seine Advokaten so lautstark versprechen: viele ungeahnte Möglichkeiten des Begegnens. Immerhin gibt es im virtuellen Raum ja wirklich keine räumliche Trennung mehr von Menschen, die sich am anderen Ende der Welt befinden. Zudem lädt schon die Repräsentation durch einen Avatar dazu ein, im Schutze einer erfundenen Identität sich auf Abenteuer einzulassen. Risiken für Leib und Leben entfallen im Metaverse, wo man nur so flüchtig sterben kann wie im Computerspiel.

Möglich ist diese Öffnung hin zum Abenteuer durchaus. Trotzdem wird es nicht so kommen. Warum sollte der Mensch, nachdem er so erfolgreich das Ungewisse und Ungefähre aus seinem Leben verbannt hat, es nun gerade dort zulassen, wo diese Verbannung technisch perfektioniert werden kann und sich sogar die Leute bestimmen lassen, die man auf einem Konzert trifft? Es wird auch im Metaverse Smombies geben. Sie werden nicht mehr auf ein Gerät in der Hand starren; man blickt ja schon auf einen Bildschirm, was für Außenstehende aussehen mag, als habe sich ein zur Taucherbrille mutiertes Smartphone am Gesicht des Smombies festgesogen. Aber auch im Metaverse wird man Orientierung haben wollen: eine Suchfunktion, ein Beamer-Navi, crowdsourced Informationen über die besten Hangouts und Geschäfte sowie Background-Daten über die Leute, auf die man dort treffen wird. Auch der virtuelle Raum wird durch fremdgeschürfte Informationen überlagert werden.

Mit dem Metaverse ist das Smombie bei sich angekommen, ganz eingetaucht in seine Parallelwelt, auf die es sich, nicht länger unterwegs in der realen Welt, nun vollauf konzentrieren kann. Wird es also, nach einem möglichen Anstieg in den nächsten Jahren, irgendwann wieder aus dem Stadtbild verschwinden?

Das Gegenteil könnte der Fall sein. Denn das Meta Quest 3 Headset, das ab September 2023 erhältlich ist, setzt stark auf Augmented Reality (AR), also nicht auf den Entzug in den virtuellen Raum, sondern die Erweiterung des realen durch visuelle

Objekte aus dem Computer. Das kann leicht noch mehr Smombies ins Stadtbild bringen, die dann nicht mehr den Bettler an der Hauswand sehen, dafür aber ein Ungeheuer, dass um die Ecke kommt. AR oder MR (Mixed Reality) materialisiert die Information, die der Raum selbst nicht enthält, wenn man diesen durch die entsprechende Brille sieht, zu der sich das Headset irgendwann verschlanken wird.

Vielleicht ist es das, was uns wirklich am meisten am Smombie ärgert. Es ist ein Verräter des öffentlichen Raums an undurchsichtige Kräfte im Cyberspace auf dem Weg zum Metaverse, Vorbote einer Zukunft, die uns suspekt ist, der wir aber, wegen solchen wie ihm, nicht werden entgehen können.

Zeitfrage

Die Liste der Vorwürfe ist lang, die diese Betrachtung ergibt. Das Smombie vergeudet, wenn es sich in die Parallelwelt des Cyberspace entzieht, die Möglichkeit der Begegnung *mit* dem öffentlichen Raum und *im* öffentlichen Raum. Es entzieht sich dem Zufall und der Welt, die der öffentliche Raum parat hält, es ist die Negation der Stadt als einer Kultur der Vielfalt, es ist nicht zuletzt die politische Entmachtung des Öffentlichen, die Immunisierung gegen Protest und Hilferuf.

Zugleich nimmt das Smombie den öffentlichen Raum durch die Brille derer wahr, die im Cyberspace das Sagen haben. Das Smombie ist keine Entdeckerin, wie der Flaneur, sondern ein Vollstrecker dessen, was ihm das Handy entdeckt. Es bringt das Dilemma des digitalen Flaneurs, beim Beobachten beobachtet zu werden, in den analogen Raum. Es symbolisiert die Vermessung des öffentlichen Raums bis hin zur Totalkontrolle in der CyberCity, die zeitlich und räumlich vor dem Metaversum liegt.

Gewiss, die umfassende Digitalisierung des Daseins ermöglicht eine umfassende Datafizierung und Dataveillance, und das Smartphone ist zweifellos das Vehikel dieses Vorgangs. Aber muss zur Digitalisierung des Daseins das Smartphone wirklich in der Hand liegen, während man durch die Gegend geht? Macht man nicht ebenso mit, wenn man das Smartphone nur hervorholt, um seine Uber-Fahrt zu buchen, seinen OpenTable-Tisch, sein Airbnb-Quartier, sein booking.com-Hotel? Und was ist anders, wenn all das vom heimischen Computer aus geschieht? Ganz zu schweigen vom Online-Einkauf und von den immobilen Daten-Spendern daheim: das smarte Thermostat, der smarte Fernseher, der smarte Lichtschalter und Jalousien-Motor, die smarte Kaffeemaschine und Autoheizung oder Alexa.

Reitet man mit all diesen smarten Dingen nicht ebenso das Trojanische Pferd der Kontrollgesellschaft? Sitzen wir nicht alle mehr oder weniger auf diesem Pferd, auch ohne Smartphone in der Hand?

Mit diesen Fragen stoßen wir vor zur letzten Schicht des Unbehagens, das uns überkommt, wenn wir Menschen treffen, die mit dem Smartphone in der Hand an uns vorbeilaufen, ohne aufzuschauen. Das Unbehagen, das wir impulsiv fühlen, ist zugleich eines an uns selbst. Denn auch wenn unser Smartphone in der Tasche bleibt, sind wir, was die Sache betrifft, nicht viel besser als die Smombies. Wir wissen das, wenn wir sie sehen. Und es ist im Grunde dies, was wir ihnen nicht verzeihen.

Sinnlos aggressiv also, sich ihnen trotzig in den Weg zu stellen und nach der Zeit zu fragen. Höchste Zeit vielmehr, sich selbst der Frage zu stellen, ob wir die Zukunft wirklich wollen, die wir Tag für Tag erschaffen.

Einsamkeit der Punktzeit
Über Impulskontrolle[1]

Am 15. Januar 2017 präsentiert der *New Yorker* ein Cartoon, auf dem ein Mann einem anderen Mann die Hand hinhält, in der sich ein undefinierbarer Gegenstand befindet, und sagt: „Du kannst das eine Marshmallow jetzt sofort essen, oder ich gebe dir, wenn du fünfzehn Minuten wartest, zwei Marshmallows und vereidige dich als Präsident der Vereinigten Staaten."[2]

Das Cartoon bringt uns zurück in die Kindheit. Wir sind vier Jahre alt, der Onkel hat ein Marshmallow vor uns auf den Tisch gelegt und ist aus dem Zimmer gegangen. Wir können das Marshmallow essen oder auf die Rückkehr des Onkels warten. Wenn dann das Marshmallow noch da ist, bekommen wir ein zweites.

Der Onkel heißt Walter Mischel und ist berühmt geworden als österreichisch-amerikanischer Persönlichkeitspsychologe; das beschriebene Experiment fand zwischen 1968 und 1974 statt. Es endete 1981, als Mischel seine Versuchspersonen erneut besuchte und feststellte: Jene, die einst warten konnten, haben intellektuell und sozial höhere Kompetenzen entwickelt als ihre einst so ungeduldigen Altersgenossen.

Das Marshmallow-Experiment, davon geht der *New Yorker* aus, gehört zum Bildungsgut seines Publikums. Auch die psychologischen Fachbegriffe zum Experiment dürften dort einigermaßen bekannt sein: die Gegenwartsbevorzugung (*present bias*) und die Sofortbelohnung (*instant gratification*). Der Mensch zieht den unmittelbaren Genuss dem künftigen Vorteil vor; er leistet ungern jetzt Verzicht, selbst wenn sich dies später auszahlen sollte.

Man hat diese Kurzsichtigkeit, diese Willensschwäche schon am eigenen Leib erfahren: Wenn man eigentlich mit dem Rauchen oder fettigen Essen aufhören und endlich mit dem Sport anfangen wollte. Man kennt es als Volksweisheit: „Lieber der Spatz in der Hand als die Taube auf dem Dach". Man kennt es aus Literatur und Fernsehen: Wenn jemand einen Pakt mit dem Teufel schließt und diesem für Genuss in der Gegenwart die Seele in ferner Zukunft verkauft.

Diese Kurzsichtigkeit und Willensschwäche unterstellt der *New Yorker* offenbar dem Mann, der am 20. Januar 2017 zum 45. Präsidenten der USA ernannt wurde: Donald Trump. Ein Präsident, der, wie sich schnell zeigen würde, weder die Ausdauer aufbrachte, sich in die Themen einzuarbeiten, die er zu entscheiden hatte, noch die Geduld, bis zum Morgen zu warten, statt in tiefster Nacht impulsgetrieben folgenschwere Tweets in die Welt zu schicken.

Trump symbolisiert die Entscheidung für das *eine* Marshmallow *jetzt*. Deswegen ist er und nicht Obama der erste Präsident des Internets. Denn Trump hat sich nicht nur, wie Obama auch, in seiner Kampagne des Internets bedient, er *ist* wie das Internet: narzisstisch, ungeduldig und oberflächlich.

Der Verdruss, den Trump erkennen lässt, wenn nicht alles nach seinem Willen läuft, gleicht, das ist oft gesagt worden, dem Verhalten eines Vierjährigen. Für einen designierten Präsidenten wie ihn bräuchte es tatsächlich die Probe aufs zweite Marshmallow, die der *New Yorker* als Initiationsritus vor dem Einzug ins höchste Amt der USA suggeriert. Wie wir wissen, kam alles ganz anders.

Mangelnde Impulskontrolle

Das Internet erschien zunächst ganz im Modus des Lustaufschubs: als Geduldsprobe. World Wide *Wait* hieß das WWW um 1995, als man zwischen dem Aufruf und dem Aufbau einer Website noch Kaffee kochen konnte.

Heute gibt es Breitband und 5G. Heute wartet niemand mehr auch nur drei Sekunden, bis eine Website erscheint. Und manch eine wartet heute auch nicht einmal mehr, bis sich ein Gedanke erschließt, der länger ist als ein Tweet. Welche Chancen hat noch ein Buch gegen Instagram oder eine Doku gegen einen TikTok-

Clip? Welche Aussichten hat ein seriöser Zeitungsartikel gegen eine spannende Falschmeldung? Die menschliche Aufmerksamkeitsspanne ist längst auf acht Sekunden gesunken und liegt damit offiziell unter der eines Goldfisches.[3]

Ein Blick in die Bibliotheken an verschiedenen Universitäten der Welt bezeugt das Elend: Studierende lesen mit leuchtenden Augen, die Bücher auf dem Tisch, das Smartphone in der Hand, die Updates ihrer sozialen Netzwerke, die immer viel amüsanter sind als das, was in akademischen Texten verstanden werden will. Die neuen Medien machen es leicht, sich jeder Schwierigkeit zu entziehen. Der Aufschub dessen, was Überwindung kostet, ist die Begleiterscheinung der Sofortbefriedigung; *procrastination* und *instant gratification*, Aufwandsaufschub und Sofortbefriedigung sind seelenverwandt.

Das Problem ist inzwischen so akut, dass manche ihm nur noch mit technischer Hilfe entkommen und mit der WasteNoTime-App oder Apples Fokus-Funktion die Zeit limitieren, die sie in ihrem sozialen Netzwerk oder auf ihrer Lieblingswebsite verbringen können, oder indem sie mit der Browser-Extension HabitLab sich selbst Zugangsbarrieren setzen, die dann eine Begründung erfordern, warum sie jetzt auf Instagram gehen wollen. Die Verführung ist inzwischen so perfide, dass sogar das Warten gefährlich geworden ist: Nach dem Video, das man sehen wollte, startet automatisch ein nächstes, das einen ebenfalls interessieren könnte, und so verbringt man, wenn man nicht sofort abschaltet, gespannt und fremdbestimmt leicht zwei, drei Stunden auf YouTube.

Die Selbstdisziplinierung mit technischen Mitteln bestätigt umso mehr: Das Internet fördert eine Kultur der *hyper attention* und *hyper stimulation*, mit der Folge, dass man immer dann, wenn die Dinge komplex und kompliziert werden, ohne Verzug und Ehrgeiz zur nächsten Ablenkung klickt. Und wenn die Flucht keine Option ist, weil der Artikel nun einmal für die nächste Seminarsitzung referiert werden muss, gibt es Summary, QuillBot und andere Apps, die einen Text auf einstellbare Kürze zusammenfassen. Selbst das Schreiben von Artikeln lässt sich seit ChatGPT bedienungsfreundlich delegieren. Die Beschleunigungspolitik der

Digitalisierung macht nicht einmal halt vor der allmählichen Verfertigung der Gedanken beim Lesen oder Schreiben.

Die negativen Folgen des *hyper reading* auf die Konzentrationskraft und Verständnisfähigkeit nicht nur der Millennials werden seit Langem beklagt. In populärer Form von Nicholas Carr, der 2010 in seinem Buch *The Shallows. What the Internet is Doing to our Brain* das Internet als „Ökosystem von Ablenkungstechnologien" beschreibt, das zu einem „Wandel vom Lesen zum sogenannten Powerbrowsen" führt und die Menschen „zu ‚reinen Informationsentschlüsslern' degradiert."[4]

In die gleiche Richtung wies schon 2008 Bernard Stieglers *Die Logik der Sorge. Verlust der Aufklärung durch Technik und Medien*, für den „allein die deep attention mit ihrer spezifischen Form der Synaptogenese den Zugang zur Mündigkeit ermöglicht" und die *hyper attention* ein Mehr an Aufmerksamkeit lediglich als reflexionslose „Wachsamkeit" mit sich bringe.[5] Stiegler liest die psychogenetische Mutation machttheoretisch als Aushöhlung des für jede Demokratie nötigen Räsonnements und als Zeichen der „Kurzsichtigkeit" (*short-termism*), den das „Konsummodel" und der neoliberale Finanzkapitalismus in ökonomisch-politischer Hinsicht verkörpern: ein „disinvestment" in die Zukunft, ein weiterer Schritt zur „Gesellschaft der Achtlosigkeit" (*society of carelessness*).[6]

Reine Informationsentschlüsselung, reflexionslose Wachsamkeit: Das sind keine guten Noten, die Carr und Stiegler dem Internet geben. Selbst wenn man die kulturpessimistische Bewertung der Langzeitfolgen digitaler Technik durch weiße Männer über 50 nicht teilt, der Befund ist kaum zu bezweifeln. Auch Millennials beklagen mittlerweile das schwindende Konzentrationsvermögen ihrer Peers und mahnen: „Wir müssen junge Menschen wieder für lange und komplizierte Texte begeistern."[7] Und selbst in der Generation Z regt sich Widerstand gegen das, was die sozialen Medien anrichten, wie das LOG OFF Movement zeigt, wo Teenager Teenager für eine kritische Einstellung gegenüber den sozialen Medien zu sensibilisieren versuchen.

Das Internet ist eine große *Jetzt!*-Maschine, die jene Selbstdisziplin, um die es Mischel in seinem Marshmallow-Experiment ging, nicht trainiert, um es gelinde zu sagen. Hier ist das Marshmallow – selbst mit erwachsenen Probanden – verzehrt, noch ehe der Onkel den Raum verlassen hat. Dass diese *Jetzt!*-Maschine auch offline wirkt, ist die Einstiegsanekdote bei Carr, der nach all dem *hyper reading* am Bildschirm auch beim guten alten Buch in der Hand Unruhe verspürt und nicht mehr wie früher die Welt, versunken in einen Text über sie, vergessen kann.

Kein Wunder, dass die Lieferdienste inzwischen die Wartezeit im Cartoon des *New Yorker* unterbieten und die *instant gratification* oder jedenfalls eine sehr flinke Wunscherfüllung – Flink ist einer dieser Dienste in Berlin, Rappi (von rapid) einer in Rio de Janeiro – in weniger als zehn Minuten nach der Bestellung versprechen.

Und wie die Entwicklung der KI-Technologie zeigt, wird auch die Informationssuche in Zukunft schneller vonstattengehen, wenn wir nicht mehr zwischen Tausenden von Suchergebnissen navigieren müssen, sondern Chatbots (GPT in Microsofts Bing, Bard in Google) die verschiedenen Angebote sekundenschnell für uns zusammenfassen. Es wird kaum Zeit zum Atmen bleiben zwischen Anfrage und Antwort, ganz zu schweigen vom Kaffeekochen.

Dialektik der Wunscherfüllung

Vieles lief schief mit dem Internet. Von der Kommerzialisierung und Zentralisierung der Kommunikationsströme bis zu all den Daten, die das Individuum den Internet-Giganten und Geheimdiensten ausliefert. Das Hauptproblem besteht aber nicht darin, dass das Internet uns betrogen hätte, sondern dass es uns zu sehr zu Diensten ist. Dass es uns all das gibt, was wir haben wollen: Information nach eigenem Geschmack, Unterhaltung ohne Grenzen, Befriedigung ohne Aufschub. Das Problem, das mit dem Internet kommt, ist die verstärkte Kontrolle nicht *über*, sondern *durch* den Menschen.

Die bekannten Fachbegriffe lauten „Personalisierung“, „Filterblase“, „Echo-Kammer“, in die uns die Algorithmen überall drängen – oft auch ohne Rückfrage, zumeist aber mit unserem

Einverständnis. Was wie Fremdbestimmung aussehen mag, ist im Grunde nur die Durchsetzung eines menschlichen Affekts mit technischen Mitteln. So wie man impulsiv das Marshmallow sofort haben will, so spürt man den Drang, sich fremde Menschen und Ansichten vom Leibe zu halten. Das Individuum ist nicht Opfer, sondern Täter, was die Sache kein bisschen leichter macht.[8]

Dass der Mensch sein eigener Feind ist, besagt schon der Spruch vom „inneren Schweinehund". Sportler wissen das und suchen sich, wenn sie was werden wollen, strenge Trainer. Kinder wissen es noch nicht und beschweren sich, wenn die Eltern sie im Restaurant nicht Pommes essen oder Handy gucken lassen. Aus dem gleichen Grund lieben Schülerinnen die „gutmütigen" Lehrer. Wie verfluchte man einst die Professorin, derentwegen man noch den Samstagabend mit viel zu langen, viel zu komplizierten Texten verbrachte. Wie pries man später ihre Weisheit und Stärke, auf die Liebe ihrer Schützlinge *jetzt* verzichten zu können und zu warten, bis diese fest im Leben stehen und den ganzen Sinn von Jenny Holzers seltsamem Leuchtreklamekunstwerk begriffen haben: „PROTECT ME FROM WHAT I WANT".

Das Internet – und seine Gehilfen: die mobilen und sozialen Medien – fördert eine Kultur der Sofortbefriedigung, in der bei jeder Anstrengung der Spaß immer nur einen Klick entfernt ist. Man sehe sich nur die Buchbesprechungen auf Amazon an: Wie selbstbewusst sich die Leser über den mangelnden Unterhaltungswert beschweren, wenn ein anspruchsvoller Text sie überfordert! Vergessen ist, dass Qualität von Qual kommt, vergessen ist die Losung der Sportler: „Ohne Schweiß kein Preis". Gesiegt haben die „Weichlinge", wie die Trainerin sagen würde.

Aber auch Trainer sind nicht mehr das, was sie einmal waren. Nehmen wir den schon recht beleibten Mittzwanziger, der einen „Personal Trainer", Anfang dreißig, Hard-Body-Typ, engagiert hat, um wieder in Form zu kommen. Die Szene ereignet sich in einem bewachten Wohnkomplex im Stadtteil Barra in Rio de Janeiro, im objekteigenen Fitnessraum, den beide an einem Märztag 2022 mit dem Handy in der Hand betreten.

Der Mittzwanziger besteigt das Laufband und geht so geruhsam vor sich hin wie Menschen beim Eisessen oder Texten. Der Trainer erhöht das Tempo des Laufbands. Sein textender Schützling rebelliert. Sie feilschen um die angemessene Geschwindigkeit, freundschaftlich, ohne laut zu werden, eher als Spaß: Der Trainer erhöht das Tempo, sein Schützling drückt den Pfeil nach unten, der Trainer drückt ihn nach oben, der Schützling nach unten. Schließlich gibt der Ältere nach. Man sollte es sich auch nicht verderben mit seiner Erwerbsquelle.

Zugleich will der Trainer sein Geld irgendwie verdient haben, muss es, denn wenn gar nichts beim Training herauskommt, fällt das auch auf ihn zurück. Also wirft er seinem molligen Arbeitgeber, der nun keine Lust mehr aufs Laufband hat, einen großen Gymnastikball vor die Füße, den dieser aufheben und ihm an die Brust werfen soll, wo der Trainer ihn abprallen lässt, so dass er wieder vor die Füße seines Schützlings rollt, der ihn erneut hochheben und dem Trainer an die Brust werfen soll.

Die Gamification des Gewichthebens. Keine schlechte Idee. So geht das vier, fünf Mal. Dann ist der Mittzwanziger erschöpft und beschäftigt sich erst einmal mit seinem Handy. Der Trainer protestiert nicht, zieht sein eigenes Handy hervor. Nach weiteren zehn Minuten sagt der Schüler, er habe für heute genug. Der Trainer nickt und klopft seinem Zögling leicht auf die Schulter, wie als Anerkennung, wohl eher für seine Ehrlichkeit als für seine Leistung. Beide verlassen den Raum; morgen ist ja auch noch ein Tag.

Anekdoten sind kein Beweis. Aber sie illustrieren die Auswüchse des Problems. Trainieren so die Kids der Kids, die damals nicht aufs zweite Marshmallow warten konnten? Ist das noch Willensschwäche oder schon Body-Positivity? Auf jeden Fall ist es ein konsequentes In-sich-Gehen: Man hört auf das, was einem das Gefühl sagt. Jetzt sagt. Und das Gefühl ist immer gegen das höhere Tempo beim Laufband, gegen die komplizierten Texte, gegen das Warten auf Onkel Mischel – und überhaupt gegen jeden, der es zu etwas drängt, wonach ihm nicht ist.

Die Kultur der Sofortbefriedigung betrügt um die Endorphine, die beim Denken wie beim Sport nicht ohne Anstrengung und Ausdauer zu haben sind. Sie beraubt uns der Chance, über uns hinauszuwachsen: als Sportler, Studentin, Informationsverarbeitende.

Das Korrelat zum korrumpierten Trainer ist die Lehrerin, die ihre Schüler da aufsucht, wo diese sie erwarten: nicht um sie „abzuholen", wie es das Einmaleins der Didaktik vorsieht, sondern um selber dort zu bleiben.

Noch ist der Unterricht nicht auf TikTok-Niveau gesunken, aber der Trend geht zu Kürze und Gamification. Lange Vorlesungen? Ohne Bilder? Sebastian Thrun, Gründer der Online-Akademie Udacity, sieht die Zukunft im Kurzvideo: Was länger dauert als eine Minute, verkenne die Zeichen der Zeit.[9] Und wer wagt heute noch, den Studierenden eine Seminarlektüre zur nächsten Woche aufzugeben, die zwanzig Seiten übersteigt?

Vor den Lehrern kommen die Eltern, die ihren Kindern jeden Wunsch erfüllen, sie von einer Aktivität zur anderen fahren, permanent ihr Selbstwertgefühl stärken, unabhängig von der erbrachten Leistung. Auch sie sind nicht ohne Schuld an der Generation Snowflake, wie der abwertende Spitzname für die Millennials und das Wort des Jahres 2016 lautet: weniger belastbar und anfälliger für Kränkungen als frühere Generationen.

Generalisierungen – und was wäre schlimmer als eine Generationsbezeichnung – sind voll von vorschnellen Vorwürfen. Ohne Frage: Wer sich gegen aggressive Positionen oder Beleidigungen wehrt, ist nicht übersensibel, sondern unduldsam gegenüber Zumutungen. Empörung ist dann zweifellos der bessere Begriff. Was von beidem vorliegt, berechtigte Empörung oder überzogene Empfindlichkeit, muss jeweils der Einzelfall klären.

Ganz von der Hand zu weisen ist der Vorwurf der Überempfindlichkeit jedenfalls nicht, wenn Philosophiestudentinnen in den USA mittlerweile ablehnen, die Haltung der Stoiker zum Selbstmord zu diskutieren, weil das Thema sie unangenehm berührt, oder wenn, aus dem gleichen Grund, Jurastudenten Seminare zu sexueller Gewalt meiden.[10] Fehlt nur noch, dass Medizinstudentinnen sich emotional verletzt fühlen, wenn sie Blut sehen.

Dass Empfindlichkeit auch politisch benutzt werden kann, zeigt das Gesetz, das in vielen US-Bundesstaaten die Critical Race Theory aus der Schule verbannen soll, um die Schulkinder vor

„Unbehagen, Schuldgefühlen, Ängsten oder einer anderen Form der psychischen Belastung" zu schützen.[11] Sicher, es mag unbehaglich sein für weiße Schüler, auf ihr wahrscheinlich unreflektiertes rassistisches „Erbe" hingewiesen zu werden. Aber seit wann ist Behaglichkeit im Bildungskontext ein schützenswertes Gut: Besteht Erziehung nicht gerade darin, immer wieder die eigene Komfortzone verlassen zu müssen?[12]

Wie schon 2015 ein berühmter Zeitungsartikel sowie Barack Obama über die „Verhätschelung der amerikanischen Seele" sagten: Man lernt, indem man sich auf Herausforderungen einlässt, nicht indem man sich ihnen entzieht.[13] Das gilt zuallererst für Schule und Universität als Orte, an denen man mit sehr verschiedenen Perspektiven aufs Leben konfrontiert wird. Aber auch danach sollte man sein Unbehagen nicht wie ein Schild vor sich hertragen. Wer sich verletzt fühlt, hat nicht automatisch Recht.

„Trigger Warning" und „Safe Space" sind *die* Begriffe, um die mentale Disposition der Millennials zu beschreiben. Oft ist es nicht mehr als ein Filterblasen-Phänomen: Man will überall auf Seinesgleichen treffen, am liebsten nur sich selbst begegnen, und versteht so auch Lektüre nicht mehr dialektisch als Kampf zwischen Autorin und Leser um die Deutungshoheit der Wirklichkeit, bei dem die Leserin nur gewinnen kann, wenn sie verliert und die Perspektive des Autors übernimmt.

Inzwischen wird Gewinn eher im Rechthaben verbucht als in der Horizonterweiterung. Wer fühlt sich noch angesprochen von der berühmten Schlusszeile „Du musst dein Leben ändern" in Rilkes Gedicht *Archaischer Torso Apollos*? Wer kann noch etwas anfangen mit Brechts Keuner-Geschichte: „Ein Mann, der Herrn K. lange nicht gesehen hatte, begrüßte ihn mit den Worten: ‚Sie haben sich gar nicht verändert.' ‚Oh!' sagte Herr K. und erbleichte"? Moralisch ist, mit sich uneins zu sein, sich nicht zu toll zu finden, den Fehler zuerst bei sich zu suchen.

Es wäre einseitig, über die „Schneeflocke" zu sprechen, ohne vom „Wutbürger" zu reden. Auch der ist hyperempfindlich, auch der fühlt sich viel zu schnell verletzt, nur dass er sich nicht in den „Safe Space" begibt oder durch ein Gesetz gegen psychische Belastung hofft, der Konfrontation mit dem Unbehaglichen entgehen zu können. Im Gegenteil, er sucht sie geradezu: die Konfrontation wohlgemerkt, nicht die Debatte, die auf ein friedliches Ende durch den sanften Zwang des besseren Arguments hinausliefe. Zum Zuhören und Diskutieren fehlt dem Wutbürger die Geduld, da ist er ganz Kind des Internet-Zeitalters. Der Wutausbruch ist seine Form der *instant gratification*.

Der Wutbürger ist genauso wie die Schneeflocke eine Form der Erregung; affektiv-extrovertiert zwar, statt affektiv-introvertiert, aber ähnlich argumentationsabstinent. Mit Trump zog der Wutbürger ins Weiße Haus ein und bestimmte den politischen Diskurs auf höchster Ebene. Das bringt uns zurück zum Ausgangpunkt, zum Marshmallow-Experiment und dem Impuls der Sofortbefriedigung. Um diesen Impuls wirklich zu verstehen, muss man jedoch weiter zurück gehen. Hinter Trump. Hinter das Internet gar.

Zeitalter des Ich

Eine junge Frau, die ins Smartphone lächelt, während sie ein Selfie macht. Darüber in Fettschrift: „The Me Me Me Generation". Darunter: „Millennials are lazy, entitled narcissists, who still live with their parents" und: „Why they'll save us all" (Millennials sind faule Narzissten voller Ansprüche, die noch bei ihren Eltern leben. Warum sie uns retten werden.) Das Cover des *Time*-Magazins am 13. Mai 2013.

Der Text von Joel Stein (damals 42) beginnt mit Fakten: Im Jahr 2009 erreichten 58 Prozent mehr College-Studenten hohe Werte auf der Narzissmus-Skala als 1982; Millennials haben in ihrer Kindheit so viele Trophäen erhalten, dass 40 Prozent der Meinung sind, sie sollten alle zwei Jahre befördert werden, unabhängig von ihrer Leistung. Dann folgen die üblichen Klischees: Millennials sind nur noch mit ihrem Smartphone beschäftigt und mit ihrem Erscheinen in den sozialen Medien, sie fühlen sich zu allem berechtigt und haben wenig Ansprüche an sich selbst.

Wie sein Publikationsort erwarten lässt, ist der Artikel überzogen und ungerecht, was der Autor mit einem überraschenden Ende wettzumachen versucht, dem Lob auf die freundliche, tolerante, pragmatische und positive Einstellung der Millennials: „Sie sind pragmatische Idealisten, eher Tüftler als Träumer, Life Hacker." Der Eindruck der Beschimpfung der Millennials durch einen Vertreter der Generation X bleibt trotzdem.

Stein weiß natürlich, dass die sozialen Medien nicht der Anfang des Problems sind. Er kennt natürlich Christopher Laschs Bestseller *The Culture of Narcissism* aus dem Jahr 1979, in dem der US-Soziologe den „narzisstischen Charakter" als Symptom seiner Zeit diagnostiziert, einer Zeit, die 2013 mehr als dreißig Jahre zurück lag, also eine ganze Generationslänge. Schon damals, so Lasch, spielten die Medien, allen voran das Fernsehen, eine zentrale Rolle für den narzisstischen Traum von Ruhm und Ehre – dabei war das Format der Reality-Show noch nicht einmal erfunden.

Laschs berühmtester Satz, „We demand too much of life, too little of ourselves" (Wir verlangen zu viel vom Leben und zu wenig von uns selbst), legt nahe, dass die „Verweichlichung", wie ein Trainer der alten Schule sagen würde, schon vor der Geburt der ersten Millennials einsetzt. Entscheidend für die Marshmallow-Metapher ist vor allem Laschs Notiz, dass der narzisstische Charakter keine Güter und Vorräte für die Zukunft sammle, sondern auf „immediate gratifications" ziele und in einem Zustand ruheloser Begierde lebe.[14]

Diese Zukunftsvergessenheit, diese Orientierung auf Sofortbefriedigung diagnostiziert knapp zwei Jahrzehnte später – noch immer ohne Blick auf Internet und Web 2.0 – auch der Soziologe Zygmunt Bauman. Das postmoderne Subjekt wolle zum einen nicht die Zukunft kontrollieren, sondern lediglich ihre Verpfändung vermeiden, zum anderen verwehre es der Vergangenheit jeden Einfluss auf das Jetzt. So beschneide es die Gegenwart an beiden Seiten. Zeit sei also kein Fluss mehr, der das Gestern mit dem Morgen verbindet, sondern eine Ansammlung von Tümpeln und Pfützen: kontinuierliche Gegenwart unverbundener Momente.[15]

Present bias und *instant gratification* erweisen sich somit als zentrale Phänomene der Spätmoderne schon lange vor dem Internet. Was Bauman wertfrei feststellt, beklagt Lasch als Untergang der Kultur, nostalgisch und verbittert und mit einer scharfen Replik auf Tom Wolfe, dessen *Reports on America's New Great Awakening:*

The „ME“ Decade, 1976 im *New York*-Magazin erschienen, den Narzissmus als Eruption von Vitalität begrüßten: als das „größte Zeitalter des Individualismus in der amerikanischen Geschichte“, wie die Cover-Headline besagte.

Ob man den Narzissmus so kulturpessimistisch behandeln muss, wie Lasch das tut (und später auch Adam Curtis in der BBC-Dokumentation *The Century of the Self*), oder auch als Befreiung des Individuums zu sich selbst – und zum Hedonismus – sehen kann, wie Wolfe und andere nach ihm,[16] ist hier nicht zu klären. Für die vorliegende Betrachtung genügt der Befund, dass früh ein Zusammenhang zwischen Narzissmus und Sofortbefriedigung angemerkt und zugleich der Verlust des narrativen Zusammenhangs vermeldet wurde.

Wenn die Episoden des Lebens sich nicht mehr zu einer Geschichte zusammenfügen, finden sie auch keine Zuflucht mehr in einem Narrativ, das über sie hinausgeht. Das Dasein tritt auf der Stelle. Sein Sinn ist der Augenblick, das Jetzt-Sein. Dieser Verlust, diese Befreiung führt zum geschichtsphilosophischen Aspekt unseres Themas.

Ende der Geschichte/n

Die Zukunftsvergessenheit, die Lasch und Baumann feststellen, und die Kultur der Sofortbefriedigung, die sie aus ihr ableiten, sind auch im Kontext der postmodernen Philosophie zu verstehen. Diese hatte – allen voran Jean-François Lyotard mit seinem Buch *Das Postmoderne Wissen* (1979) – das Ende der Großen Erzählungen ausgerufen. Die religiösen, kulturellen oder politischen *grand narratives* beziehungsweise „Meistererzählungen“ wie Christentum, Aufklärung, Kommunismus wurden dekonstruiert, weil sie Geschichte selektiv und totalisierend auf ein Ziel hin erzählen, aus dem sie ihre Legitimation ziehen: das Reich Christi, das aufgeklärte Zeitalter, die ausbeutungsfreie Gesellschaft.

Das Ende dieser Erzählungen ist das Ende auch des teleologischen Geschichtsbildes. Man ist nicht mehr unterwegs – als Mensch, als Gesellschaft – auf ein Ziel hin, das dem eigenen

Dasein einen höheren Sinn zu geben vermag und rechtfertigen würde, das Heute dem besseren Morgen zu opfern.

Gianni Vattimo, ein italienischer Vertreter der postmodernen Philosophie, gibt diesem Zielverlust Ausdruck, wenn er 1985 erklärt, die Philosophie habe fortan den Menschen nicht mehr zu zeigen, wohin sie unterwegs sind, sondern wie man unter der Bedingung lebt, nirgendwohin unterwegs zu sein.[17] Dass im gleichen Jahr die Talking Heads mit trotzigem Fatalismus singen „We're on a road to nowhere / Come on inside" (Wir sind auf einer Straße ins Nirgendwo / Komm mit), bezeugt, dass diese Erfahrung auch diesseits philosophischer Lehrstühle präsent war.

Wie aber man unter der Bedingung lebt, nirgendwohin unterwegs zu sein, erklärt Bauman später so: „Vor allem sollten Sie, wenn möglich, die Befriedigung nicht aufschieben. Was auch immer es ist, versuchen Sie, es *jetzt* zu bekommen. Sie können nicht wissen, ob die Befriedigung, die Sie heute suchen, morgen noch befriedigend sein wird."[18] Absolution für *present bias* und *instant gratification* aus philosophischer Einsicht?

Die Erfahrung des Zielverlusts auch auf gesellschaftlicher Ebene schaffte es bis in die Selbstbeschreibung der Millennials. Meredith Haaf (Jahrgang 1983) annonciert in ihrem Buch *Heult doch. Über eine Generation und ihre Luxusprobleme* (2011) den „Postoptimismus" als Signum ihrer Generation. Weil es keinen Glauben mehr gebe an große soziale oder politische Projekte. Dass dies nicht erst seit gestern so ist, weiß Haaf, denn sie beginnt ihr Buch mit einem Zitat von Susan Sontag aus dem Jahr 1996: „Statt in einem utopischen Moment leben wir in einer Zeit, die als das Ende – genauer: nach dem Ende – eines jeden Ideals erlebt wird."[19]

Es ist auch diese geschichtsphilosophische Desillusion, die das Ich auf sich selbst zurückwirft und eine Kultur des Narzissmus, der *present bias* und *instant gratification* entstehen lässt. Was für ein passender Zufall also, dass im gleichen Jahr, da Francis Fukuyamas Artikel *The End of History* erschien, die Berliner Mauer fiel. Zwar war Fukuyamas Ende der Geschichte ein anderes Ende als das von Lyotard beschworene Ende der Geschichten, nämlich der Sieg der liberaldemokratischen Meistererzählung über ihre kommunistische Mitbewerberin. Aber auch dieses Ende beförderte (vorerst) das Gefühl, nirgendwohin mehr unterwegs zu sein. Unterwegs waren (vorerst) nur die Ostdeutschen, um – ökonomisch, politisch, mental – da anzukommen, wo ihre westdeutschen Landsleute schon waren.

In diese Situation hinein wird, ebenfalls im Jahr 1989, das World Wide Web geboren, die massentaugliche Variante des Internets: eine neue Meistererzählung für viele, eine Meistererzählung des globalen Fortschritts durch globale Konnexion, ein großes Narrativ der Technik.

Ein Narrativ, das inzwischen längst seine Überzeugungskraft verloren hat. Heute wird das Internet eher als die Fortführung des Narzissmus mit technischen Mitteln wahrgenommen, als ein Verstärker für all die Probleme, deren Lösung man sich von ihm versprochen haben mag: Selbstbezug, Gegenwartsfokus, Sofortbefriedigung. Zumindest deutet soweit alles darauf hin …

Viel stärker als das Internet – und das neueste, ebenfalls auf technischem Fortschritt aufsetzende Versprechen der Digitalisierung: Künstliche Intelligenz – taugt die Klimakrise zur Meistererzählung. Eine Meistererzählung mit negativem Vorzeichen zwar, aber auch das verschafft dem eigenen Dasein einen höheren Sinn, denn mit den Problemen kommt die Not, diese lösen zu müssen, und die Hoffnung, die Lösung rechtzeitig zu finden. Diese negative Meistererzählung, diese Mission, sie abzuwenden, trieb zunächst vor allem die Nachfolger der Millennials auf die Straße, die Generation Z, Freitag für Freitag. Diese Generation heult nicht, sie schreit. Sie ist laut, weil man ihr die Zukunft klaut. Sie hat keine Luxusprobleme, sie fürchtet den Weltuntergang.

Eine Furcht, die gut tut, weil sie aufrüttelt, kreativ werden lässt, Spaß macht. Nachdem der Mensch den Glauben erst an Gott, dann an den Kommunismus verloren hatte und sich schon verdammt sah, dahin zu existieren im Sinnverlust der kapitalistischen Konsumkultur, schenkt ihm die Todesangst neuen Lebensmut. Wofür ließe sich postmoderner kämpfen als fürs bloße Überleben! Und weil der Kampf selbst schon ein Sieg ist, als Überwindung der postoptimistischen Lethargie, geht es auch nicht nur darum, wie sehr der Klimawandel menschengemacht ist und ob er sich wirklich aufhalten lässt, wenn man zum Vegetarier, Radfahrer und Kaltduscher wird. Es geht darum, dass man im Kampf ums Überleben wieder eine Sache hat, für die es sich zu leben lohnt und, perspektivisch gesehen und metaphorisch gesprochen, auch zu sterben und zu töten. Diese Aussicht bietet die KI nicht, es sei denn, sie richtet sich wirklich eines Tages gegen den Menschen.

Was immer aus alledem werden wird: Das Ende der Geschichte ist vorerst Geschichte. Der Kampf um eine lebenswerte Zukunft ist das stärkste Argument gegen *present bias* und *instant gratification.* Und zwar umso mehr, je weniger die Lösung im technischen Fortschritt gesehen wird, im wie auch immer gearteten „Climate Tech", das nur ein konsumistisches Weiter-so ermöglichen und gesellschaftspolitisch das Ende der Geschichte besiegeln würde.

Nudging

Der Volksmund weiß es seit Langem: Man muss die Menschen zu ihrem Glück zwingen. Wie aber zwingt man in Zeiten antiautoritärer Erziehung und narzisstischer Selbstkonzepte? Man überredet und verführt. Die Zauberformel der Verhaltensforscherinnen heißt Nudging: das Anstoßen zu den richtigen Entscheidungen, sei es in Fragen der Ernährung, der körperlichen Ertüchtigung, der Bildung, der Partnerwahl, der Altersvorsorge. Oder auch die Freundschaftspflege, für die Facebook (wenn auch aus Eigennutz) sorgt, indem es mich informiert, dass XY heute Geburtstag hat: „Lass ihn wissen, dass du an ihn denkst".

Nudging kuriert das Problem kurzsichtiger Verhaltensweisen mit einer raffinierten „Entscheidungsarchitektur": Man erleichtert die private Altersvorsorge durch Steuervergünstigungen, man platziert – in der Schulkantine, in öffentlichen Einrichtungen oder wo immer Therapeuten statt Drogendealer das Sagen haben – den Apfel vorn und den Pudding ganz hinten. Man ändert in der Organspendenfrage und bei der elektronischen Patientenakte die Grundeinstellung, so dass der Bürger seine Einwilligung nicht erst geben muss, sondern widerrufen kann.

Nudging zielt weder auf Zwang noch auf Überzeugung, sondern auf Überredung durch äußere Umstände. Es operiert mit der

Macht der Trägheit als umgekehrtes Update zum Marshmallow-Experiment: Das Gute gibt es sogleich, das andere nur mit Aufwand.

Nudging praktiziert die Erkenntnisse der Verhaltensforschung im Interesse des Individuums (Altersvorsorge, Ernährung, elektronische Patientenakte) und der Gesellschaft (Organspende, elektronische Patientenakte), nachdem diese Erkenntnisse bisher als Konsumverführung immer nur zum Vorteil dritter eingesetzt wurden – nicht zuletzt auch in den digitalen Medien, wo *persuasive design* oder „Interface Nudges“[20] das Verhalten der Nutzer im Interesse der Plattformbetreiber beeinflussen.

Das politisch organisierte Nudging erfolgt eher im Interesse der Betroffenen. Es ist die zeitgenössische Form des „guten Hirten“, der sanft seine Herde führt; eine Form der „Menschenregierungskunst“, die bei Regierenden immer beliebter wird.[21] So wurde in Großbritannien 2010 im Cabinet Office die „Nudge Unit“ geschaffen (offiziell: „Behavioural Insights Team“), im Bundeskanzleramt im März 2015 die Projektgruppe „Wirksam Regieren“, in den USA im September 2015 das „Social and Behavioral Sciences Team“.

Dass Trump das Nudge-Team in Washington wieder auflöste, erstaunt wenig, kam er doch, wie das Cartoon des *New Yorker* betont, als jemand ins Amt, der nicht einmal die Kunst der Selbstregierung wertschätzt. Trotzdem ging der Nobelpreis für Wirtschaft 2017 an einen Verhaltensökonomen, Richard H. Thaler, der gemeinsam mit Cass Sunstein einen Bestseller über Nudging geschrieben hatte: *Nudge. Wie man kluge Entscheidungen anstößt* (2011, engl. 2009). Auch diese Preisverleihung unterstreicht die Notwendigkeit, im Zeitalter der Sofortbefriedigung zu erforschen, wie die Menschen dazu gebracht werden können, jenseits von *present bias* und *instant gratification* in ihrem eigenen Interesse zu handeln.

Das Handeln im eigenen Interesse ist dabei zugleich eines im Interesse der Gesellschaft, die davon profitiert, wenn ihre Bürger gesünder leben und in ihre Altersvorsorge investieren. Der Profit des vernünftigen Handelns verschiebt sich signifikant auf die Seite der Gesellschaft, wenn das Nudging zur Antwort auf die Probleme der Umweltverschmutzung und Ressourcenverknappung wird, zur „Rettung des Planeten", wie das vorletzte Kapitel in Thalers und Sunsteins Buch heißt. Dann soll der Mensch nicht mehr jetzt Verzicht leisten für später, sondern jetzt für spätere Generationen. Ein solches Nudging nimmt konkret Gestalt an, wenn Frankreich seit Frühjahr 2022 staatlich verordnet, Autowerbung mit dem Ratschlag zu versehen, klimafreundlichere Alternativen zu erwägen: den Fußweg, das Fahrrad, öffentliche Verkehrsmittel oder zumindest Fahrgemeinschaften.[22]

Hier beginnt der Altruismus; jedenfalls für die, die keine Kinder haben und sich so alt fühlen, dass es für sie „noch reichen" würde. Auf diesen Verzicht zugunsten der Nachkommen zielte 2021 die Rüge, die das Klimaschutzgesetz der Bundesregierung vom Bundesverfassungsgericht erhielt, weil es die Hauptlast der CO_2-Einsparung auf die kommenden Generationen verlagere, was deren Freiheit ungleich höher einschränke als die der aktuellen Generationen. Das Klimaschutzgesetz der Bundesregierung war so enttarnt als staatlich sanktionierter *present bias*.

Das Bundesverfassungsgericht setzte dem *short-termism* der Politik – und der Wirtschaft, die dahintersteht – ein vertikal orientiertes Gerechtigkeitsprinzip entgegen, das Gerechtigkeit als ein Verhältnis zwischen Gegenwart und Zukunft versteht und jene „Fernverantwortung" praktiziert, die Hans Jonas, ein Liebling der Klimabewegung, schon vor mehr als 40 Jahren in seinem Buch *Prinzip Verantwortung* gefordert hatte.[23]

Moral der Selbstkontrolle

Das Marshmallow-Experiment ist politischer, als das Cartoon des *New Yorker* unterstellt. Die Disziplinierung gegen den Impuls des Bauches, die den Vierjährigen geraten wird, ist letztlich die Grundlage moralischen Verhaltens, Lustaufschub die Bedingung des zivilisatorischen Fortschritts. Wo auch immer die äußeren Umstände eine Herausforderung darstellen, kommt es darauf an, dem Impuls zu widerstehen und sich zu dem zu ermahnen, was langfristig gesehen vernünftig erscheint.

Das betrifft im persönlichen Kontext die höhere Geschwindigkeit des Laufbands im Fitnessstudio ebenso wie den anstrengenden Text, der ein tieferes Verständnis der Welt verspricht. Es betrifft im gesellschaftlichen Kontext das zunächst bedrohlich wirkende Fremde, das, mit mehr Geduld bedacht, die Augen für die Vielfalt des menschlichen Seins öffnet. Es betrifft zukunftsgestaltend den zusätzlichen Aufwand (des Verzichts), der zur Lösung der Klimakrise nötig ist.

Das Marshmallow-Problem ist keines allein von kleinen Kindern, es ist *das* Problem der Menschheit, wie Nachhaltigkeitstheoretiker sagen: Das Warten auf dieses zweite Marshmallow haben sich die Erwachsenen in ihrem Welt- und Wirtschaftsmodell des *short-termism* abtrainiert, in ihm aber liege die Aussicht auf eine bessere Gesellschaft.[24]

Es gibt eine untergründige Verbindung zwischen Mischels Marshmallow-Experiment aus den späten 1960ern und Adornos Moralphilosophie aus den frühen 1960ern. Diese Verbindung kündigt sich schon in Adornos Aphorismensammlung *Minima Moralia* (1951) über die Situation des Menschen unter kapitalistischen Bedingungen an, die den berühmten Satz enthält: „Es gibt kein richtiges Leben im falschen." Man darf, so die Moral dieser Sentenz, den beschädigten Status quo nicht akzeptieren, darf nicht zum Komplizen einer schadhaften Welt werden, darf nicht ein „gutes" Leben führen, wenn ringsum Menschen unter prekären Verhältnissen leiden.

Es ist ein Aufruf zu Sorge, Mitgefühl und Solidarität. Ein Aufruf, der ein richtiges Leben in einer falschen Welt nur dann für möglich hält, wenn das Zentrum dieses Lebens nicht die Gegenwart ist, sondern die Zukunft in einem erweiterten Bezugsrahmen: nicht die eigene Zufriedenheit im Jetzt, sondern die Zufriedenheit aller in einer noch zu schaffenden künftigen Gesellschaft.[25]

Der Widerstand aber, zu dem Adorno aufruft – und dieser Aufruf führt zu Mischels Marshmallow-Experiment –, muss „in uns selber" beginnen; er richtet sich zuallererst gegen uns, „gegen das, was die Welt aus uns gemacht hat".[26]

Bei Vierjährigen hat die Welt noch wenig angerichtet. Auch bedeutet das Wartenkönnen an sich noch kein richtiges Leben im falschen. Man kann auch warten, um mehr für sich zu haben. Gleichwohl ist schon das Warten ein erster Schritt gegen den menschlichen Impuls, nur das Hier und Jetzt zu sehen, bei Süßigkeiten wie bei gesellschaftspolitischen Fragen: Toleranz für Andersdenkende, Hilfe für Flüchtlinge, Umweltschutz, Reichtumsumverteilung.

Der langfristige, nachhaltige Ansatz ist allerdings auch ganz ohne Altruismus die bessere Option als das Handeln aus dem Bauch oder Affekt heraus. Es kommt nur darauf an, die eigenen Interessen komplex genug zu verstehen. Wenn sich die hygienischen Verhältnisse in den Arbeitervierteln verbessern, sinkt auch für den reichen Teil der Gesellschaft die Gefahr, an Tuberkulose zu erkranken. Wenn die eigenen Landsleute kein Auskommen mehr haben und Klimaflüchtlinge das Land füllen, lässt sich das Gewonnene bald nur noch hinter Mauern und Panzerglas genießen, wie das der Fall in Lateinamerika ist.

Das Marshmallow-Experiment handelt vom Wechsel der Fragestellung: „Was nützt mir auf Dauer?" statt „Was will ich jetzt?" Moralisches Betragen liegt in der Entwicklung einer Haltung, die aus der Zukunft kommt, statt aus dem Bauch. Die Basis dieser Haltung ist der Kopf, der erste Schritt zu ihr Geduld. *Present bias* und *instant gratification* sind nicht nur ungesund und kontraproduktiv, sie sind auch zutiefst unmoralisch.

Von diesem Aufruf, von diesem Anspruch, von diesem Wechsel der Fragestellung hat Trump – darum geht es im Cartoon des *New Yorker* – sich befreit und alle anderen, denen ebenfalls die Jacke näher ist als die Hose, Political Correctness nur Ausdruck erzwungener Selbstzensur und ein Hamburger mit Coke zehnmal lieber als ein Salat mit Mineralwasser. Trumps Weigerung, sich in die Sachgebiete, über die er als Präsident herrschte, einzuarbeiten, statt Stunden vor dem Fernseher zu verbringen, ist allen sympathisch, die bei den vielen Netzwerk-Sensationen ebenfalls Schwierigkeiten haben, Texte ohne Bilder zu lesen oder einem Staatsgast länger zuzuhören als ein Goldfisch.

Das Experiment des Persönlichkeitspsychologen Mischel war 1981 noch nicht beendet. Die letzte Frage, die es zu klären galt: Wie haben die Probanden von damals 2016 gewählt. Genau hier verbirgt sich die Pointe des *New Yorker* Cartoons. Natürlich weiß man, dass Trump grade deswegen so beliebt ist, weil er seine innere Natur so wenig beherrscht. Seine Anhänger honorierten es als Natürlichkeit, Unverkrampftheit, Authentizität und danken ihm für die Erlaubnis, sich in ihren eigenen unreflektierten oder zumindest ungedrosselten Gefühlsregungen einzurichten. Mit dem Segen des Präsidenten blockieren sie jede Skepsis gegen sich selbst so nachhaltig wie Filterblasen im Internet.

Böse Zungen mögen behaupten, dass Trump damit insgeheim auch der Präsident jener war, die ihn gar nicht gewählt hatten, aber ebenso gefühlsbezogen und authentisch von sich überzeugt sind und – ohne Geduld fürs Zuhören – lieber auf Affekt und Ansteckung setzen – durch Memes oder andere Formen provokanter Zuspitzung – als auf die sachliche Argumentation.

Wie auch immer es sich damit verhalten mag, es spricht einiges dafür, dass Trump der perfekte Präsident des Internet-Zeitalters war. Nicht weil er das Internet so clever für seine Kampagne einsetzte; das tat wie gesagt auch Obama – wenn auch ohne die Hilfe von Cambridge Analytica. Trump war der erste Präsident des Internets, weil er wie dieses die Bürgerinnen täglich von dem befreite, was sie nicht leisten können: Lustaufschub und Selbstkontrolle. Trump wurde am 20. Januar 2017 – drei Tage vor dem Erscheinen des Cartoons im *New Yorker* – vereidigt nicht obwohl, sondern weil er impulsiv sofort nach dem Marshmallow greifen würde.[27]

Numerischer Herdentrieb

Das Cartoon des *New Yorker* ist keineswegs das letzte Wort in dieser Sache. Das Internet hat sich nicht nur schuldig gemacht hinsichtlich *present bias* und *instant gratification*, es produziert zugleich die Instrumente der Korrektur. Davon sei nun die Rede.

Das Internet offeriert Heilung der Ungeduld zum einen durch technische Mittel wie jene Apps zur Kontrolle der Zeit, die man an bestimmten Orten des Internets verbringt. Zugleich operiert es mit sozialem Druck: Fitness-Apps, bei denen man sich dem Vergleich mit anderen aussetzt und so den Hawthorne-Effekt nutzt, demzufolge der Mensch unter Beobachtung mehr leistet – ein wesentlich effektiveres Verfahren als die Kontrolle durch einen Trainer, den man selbst bezahlt und dadurch korrumpieren kann.

Wem Transparenz und die Beobachtung durch andere motivierte Sportler als Antriebshilfe nicht reicht, der kann auch Geld ins Spiel bringen und bei Gym Pact das Risiko eingehen, einen Strafbeitrag zahlen zu müssen, wenn er das vorher versprochene Training schwänzt. Oder man wettet bei HealthyWage auf die eigene Gewichtsabnahme: Wer da in acht Monaten von 100 auf 90 Kilogramm abspecken will, zahlt jeden Monat 50 Dollar ein und erhält, ist er erfolgreich, 478 zurück – ein Gewinn von 78 Dollar, wenn man durchhält, ein Verlust von 400, wenn nicht.

Aber diese cleveren Geschäftsmodelle verschiedener Start-Ups sind noch nicht alles. Das Internet korrigiert sich auch auf eine grundsätzliche Weise: durch sein technisches Wesen, zu dem nicht nur der Link gehört, der die Flucht vor jeder Anstrengung erlaubt, sondern auch das Like, das gefälliges Verhalten honoriert. Mit dem Like kommt die Selbstkontrolle, die im Impuls des Bauches verlorengeht, wieder zur Geltung.

Das wird nirgends so deutlich wie da, wo es um nichts anderes geht als um Likes. Die Selbstdarstellung in sozialen Netzwerken erinnert auf den ersten Blick zwar an Trumps Narzissmus, ist aber im Grunde eine subtile Form der Disziplinierung. Denn rücksichtlose Authentizität – oder ‚authentische Rücksichtslosigkeit' – läuft ins Leere, wenn sie kein Publikum findet. Wer populär sein will, muss wissen, was populär macht. So beobachtet man, wie die anderen sich die Welt – und per Selfie sich selbst – ansehen, und tut es ihnen nach. Berühmt – Influencerin gar – wird man nur durch harte Arbeit.

In dieser abgewandelten Form einer Beobachtung zweiter Ordnung liegt die Zähmung des Einzelnen durch das soziale Umfeld: unmittelbar und unverhohlen. Das Ich erkennt an den erhaltenen Likes und Retweets sogleich, wie seine Selbstdarstellung aufgenommen wird, und kann sie, mit dem Blick auf ‚erfolgreichere' Selbstdarsteller, umgehend optimieren. Tweets, die keine oder zu wenig Likes erhalten, werden dann schnell wieder gelöscht, um Misserfolge zu vertuschen. Posts, die am meisten Reaktion eingefahren haben, werden zum Maßstab künftiger Posts. So verlernt man, dem eigenen Urteil zu trauen, und entwickelt schon im banalen Kontext eine Art „numerischen Herdentrieb".[28]

Zugleich radikalisiert die numerische Form des Feedbacks das Urteil: Die Zahl der Freunde und Follower sowie der Views, Shares und Likes für ein Posting wird mehr oder weniger zum zentralen Maßstab der eigenen Wertschätzung. Worturteilen, zumal in detaillierter und nuancierter Form, fehlt im Kommunikationskontext der Informationsflut die Zeit, sich gegen die Macht der Zahl in Stellung zu bringen. Die Transformation der Kommunikationsprozesse in Rechenoperationen vereinfacht die Durchführung sozialer Kontrolle und stärkt zugleich das Befolgungsgebot.

Der numerische Herdentrieb dominiert die Interaktion in sozialen Netzwerken und lässt sich nur durch technische Interventionen unterlaufen. Wie etwa durch den Facebook Demetricator und den Twitter Demetricator, zwei Kunstprojekte von Ben Grosser, die, als Webbrowser-Erweiterung, alle metrischen Merkmale wie Likes, Retweets, Follower, Friends aus der Twitter- und Facebook-Oberfläche entfernen. Ein anderes Beispiel ist die App BeReal, die ebenfalls ohne Follower-Zählung operiert und eine authentischere Selbstdarstellung dadurch zu fördern sucht, dass sie nur zu einer zufälligen Tageszeit zwei Minuten lang erlaubt, Fotos zu posten, die sich nicht bearbeiten lassen.

Grossers Demetricators stammen aus dem Jahr 2012 und 2018 und haben Facebook oder Twitter den numerischen Herdentrieb kein bisschen ausgetrieben. BeReal wurde 2020 in Frankreich lanciert und brachte es 2022 in Apples App Store immerhin zur „App of the Year" und zu 15 Millionen Nutzern. Im Frühjahr 2023 war die Zahl der Nutzerinnen auf 6 Millionen gesunken, während die Zahl der Facebook-Nutzer auf fast drei Milliarden monatlich aktive Nutzer gestiegen war. Die vermessungsfreie Alternative bleibt eine ehrenwerte Ausnahme im Betrieb der sozialen Medien, die ansonsten die Regel bestätigt.

Das Vermessungsdogma der sozialen Netzwerke führt dazu, dass die soziale Kontrolle nun *numerisch* bestimmt ist, statt *normativ*, wie es traditionell der Fall ist, wenn sie von Diskursen ausgeht. Allerdings spiegeln auch Likes bestimmte Normen. Man erhält viele Likes oder wenige, weil man bestimmte Erwartungen erfüllt oder ignoriert: bezüglich des Inhalts, des Designs und der Performance. So ist es zumindest bis zu einer gewissen Anzahl an Likes. Danach wird die Zahl selbst zur Norm: Der Bestseller, der im Buchladen ganz vorne liegt, verkauft sich so noch besser, die größere Zahl, unter einem Tweet, Blog, Video, zieht noch mehr Publikum an. So operiert das Internet, so funktioniert der Mensch. Der Erfolg hat dann bald keinen anderen Grund mehr als sich selbst. Marx hätte gesagt: Likes hecken Likes.

Die Anzahl der Likes ist das Nudging der sozialen Medien. Denn es ist ja kein Zwang, was mich im Kampf um Liebe und Aufmerksamkeit bestimmte Regeln befolgen lässt. Die Disziplinierung ist so selbstbestimmt wie das Warten aufs zweite Marshmallow. So wie dort kann man sich auch dagegen entscheiden, ohne andere Konsequenzen fürchten zu müssen als eine kärglich ausfallende Anzahl an Likes oder eben Marshmallows.

Neu und entscheidend an diesem Nudging ist, dass es dafür keine benennbare Quelle mehr gibt. Es gibt nur die Vielzahl der Likes aus dem Netz, zusammengefasst zu einer mehr oder weniger beeindruckenden Zahl. Das ändert zwar nichts am Disziplinierungseffekt (auch dieses Nudging zielt auf Impulskontrolle und Lustaufschub), wohl aber am Akzeptanzpotenzial: Es ist ein „Nudging von unten", das die Meinung – und Gefühle – der Menge repräsentiert statt die bessere Einsicht von Expertinnen wie Trainer oder Politikerin, Ernährungswissenschaftler oder Erzieherin.

Gutes Gängeln

Stammt das Nudging von Experten, ist der Vorwurf nicht weit, dass auch ein *libertärer* Paternalismus gängelt. Es sei, heißt es dann, unvereinbar mit demokratischen Grundprinzipien, Menschen unterhalb der Diskussionsebene mit Psychotricks zu bestimmten Verhaltensweisen zu verführen, ganz gleich wie ehrenhaft das Ziel ist. Statt eine Zwangsbeglückung durchzuführen, solle man die Menschen über die Konsequenzen ihres Handelns aufklären, sodass sie selbstbewusst und selbstbestimmt die richtige Entscheidung treffen können.

Diesem Argument liegt die Überzeugung zugrunde, dass auch ohne jedes Nudging der Konsum von Popcorn in den Kinos sinkt, sobald auf der Popcorntüte steht, wie viele Kalorien sie enthält.

Das Gegenargument läuft darauf hinaus, dass der Mensch zwei widerstreitende kognitive Systeme vereint, ein automatisches, das intuitiv und schnell, und ein willentliches, das reflektiert und langsam operiert. Das intuitive setzt sich gegen das reflektierte oft auch dann durch, wenn alle Informationen vorliegen und eindeutig gegen die intendierte Handlung (Popcorn, Pudding, Zigarette) sprechen. Man könne also keineswegs davon ausgehen, dass es immer zu einer vernünftigen Abwägung aller Handlungsoptionen und -konsequenzen komme. Wenn aber mehr Information nicht zwangsläufig zu besseren Entscheidungen führt, weil rationales Handeln nicht vorausgesetzt werden kann, spricht das nicht für den Stupser auf intuitiver Ebene?

Und doch: Die Einwände gegen die Politik des Nudging sind insofern berechtigt, als sich hier ein Paradigmenwechsel in der Regierungstechnik ankündigt. Rahmt man Handlungsoptionen so, dass sich die gewünschten Resultate ergeben, macht man Menschen regierbar durch ein „behavioristisches Konditionierungsprogramm, das nicht an die Vernunft appelliert, sondern ihre Defizite ausgleichen soll“.[29]

In gewisser Weise ist der „libertäre Paternalismus“ des Nudging eine Ergänzung des *unternehmerischen Selbst*, „indem er dessen konstitutive Rationalitätsschwächen kompensiert und ihm so dazu verhilft, rationalere Entscheidungen zu treffen.“[30] Man kann es freilich auch als eine Bankrotterklärung des unternehmerischen Selbst verstehen, das offenbar nicht in der Lage ist, dem Gebot der Selbstsorge konsequent genug zu folgen, und deswegen der Nudges des „guten Hirten“ bedarf, der sich gar nicht erst die Zeit nimmt, mit den Beteiligten das richtige Handeln auszudiskutieren, sondern kurzerhand zu diesem stupst.

Das tieferliegende Problem des Nudging ist seine unvermeidliche Normativität. Die Hirtin muss das Richtige vorgeben, in dessen Richtung sie führen will. Nun mag die Diskriminierung des Puddings gegenüber dem Apfel eine banale Sache sein, die sich zudem hinter dem Umstand verstecken könnte, dass irgendetwas ja vorne liegen muss, und es, wäre dies der Pudding, nicht viel demokratischer zuginge. Auch die berühmte Schiphol-Fliege im Urinal, die die Reinigungskosten nicht nur in Flughafentoiletten immens gesenkt hat, tut ja keinem wirklich weh.

Anders verhält es sich schon, wenn im Fall der Organspendenbereitschaft vom Opt-in-Modell zum Opt-out-Modell umgestellt wird, also *Ja* die Grundeinstellung ist, was Kritiker, obwohl man doch widersprechen kann, als Eingriff in die Selbstbestimmung empfinden. Schwierig wird es auch, wenn der Staat seine Bürger mit einer Bratwurst oder finanziellen Anreizen zum Impfen verführt. Selbst das Vorne- oder Hintenliegen in der Schulkantine ist komplizierter, als es erscheinen mag, wenn das, was sich der höchsten Nachfrage erfreut (der Pudding) trotzdem nach hinten muss, die Präsentationsstrategie also nicht durch Marktlogik bestimmt wird, sondern durch Ernährungsthesen.

Gängeln bleibt Gängeln und könnte, als neue Menschenregierungskunst, die Türen öffnen für stärkere Maßnahmen mit größeren Effekten. Der Zwang zum Glück mag mit einer Interaktionsarchitektur, die den Apfel bevorzugt, beginnen, aber wer sagt, dass er nicht mit der Verbannung des Puddings endet. Und wer sagt, dass er mit der Verbannung des Puddings schon endet!

Was auch immer man über den Status des Puddings in der Schulkantine denken mag, regierungstechnisch bedeutet das Nudging einen Wechsel weg vom Disziplinierungsdiskurs und seinem Appell ans Gewissen hin zur Überredung durch ein entsprechendes Entscheidungsdesign im Sinne des Behaviorismus. Zwar verzichtet dieses Modell auf ideologische Bevormundung und mag somit sogar liberaler als der Disziplinierungsdiskurs erscheinen. Gerade der Argumentationsverzicht führt es aber auch in die Nähe algorithmischer Regierungstechniken, die ebenso argumentationslos wie das Nudging operieren, dann aber restriktiv und alternativlos.

Ein Vorbote dafür ist das von der Deutschen Bundesregierung (unter Abzug der FDP) beabsichtigte Verbot von „an Kinder gerichteter Werbung für Lebensmittel mit zu viel Zucker, Salz oder Fett“ und das von der holländischen Bürgerinitiative Reclame

Fossielvrij (Werbung ohne Fossilien) erwirkte Verbot von Werbung für Flüge und benzinbetriebene Autos in Amsterdam.[31] In beiden Fällen ist aus dem Nudging ein Gesetz geworden. Ein gutes Gesetz, mag man sagen, aber eben ein Gesetz und kein Vorschlag oder Stupser mehr.

Wann wird aus dem „guten Hirten" eine „wohlwollende Technokratin", wann aus dieser ein „gütiger Diktator"? Und wieviel Big Brother steckt in alle dem – denn ohne Aufsicht lässt sich nicht wissen, wo der Mensch seinen eigenen Interessen zuwiderhandelt, und man sollte im KI-Zeitalter nicht davon ausgehen, dass gerade das Nudging frei von jeglicher Personalisierung bleibt.

Der Wechsel, den das Nudging als Regierungskunst mit sich bringt, ist einer vom „Dressurmeister", der Bewegungsfolgen einübt, zum „Entscheidungsarchitekten", der sich um Formulare, Interfaces und die Anordnung des Kantinenessens kümmert.[32] Es ist der Absprung zu einer Regierungstechnik, die schließlich – jenseits libertärer Stupser – auf algokratische Zurichtungsmechanismen zielt.

Bevor wir zur Algocracy kommen, zu ihrem Vorfahren „Behavorial-Engineering" und dessen Wiederkehr im digitalen Zeitalter als „Social Physics", noch ein Wort zur Conditio Humana.

Mängelwesen Mensch

Anfang 1965 trafen sich Theodor W. Adorno und sein ideologischer Gegenspieler Arnold Gehlen zu einem Radiogespräch, in dem sie einander zustimmten, dass der Mensch sich keineswegs zu jener Mündigkeit vorgearbeitet habe, die ihm einst von der Aufklärung aufgetragen worden war.

Der Soziologe Adorno machte für den Misserfolg die gesellschaftlichen Verhältnisse und speziell die Kulturindustrie verantwortlich und hoffte nach wie vor auf den Aufstand des Menschen gegen das, was die Welt aus ihm gemacht hatte. Der Anthropologe Gehlen sah die Schuld nicht im Zustand der Gesellschaft, sondern des Menschen und hatte für Adornos Vertrauen in die emanzipative Reflexionsfähigkeit des Menschen nur Staunen übrig sowie die wenig schmeichelhafte Bemerkung: „anthropologisch utopisch".[33]

Gehlen erwartet – ganz in der Tradition von Hobbes – wenig vom Menschen und alles von den Institutionen: Staat, Recht, Kirche, Militär, Schule, Ehe et cetera. Anders als Adorno, der eine gelingende Gesellschaft nur mit Menschen denken kann, die sich zur Freiheit emporgearbeitet haben, setzt Gehlen auf die Institution als Bändigung des Menschen im Interesse gesellschaftlicher Harmonie. Für ihn sind die von den Institutionen in die Gesellschaft vermittelten Denk- und Verhaltensformen Stabilisatoren, die die Antriebsenergien des Menschen zügeln und diesen in eine „Sozialperson" verwandeln, die „‚schematisch', d. h. in habituell gewordenen, eingeschliffenen Verhaltensfiguren" handelt.[34]

Dieser „sozial orientierte Automatismus" ist für Gehlen eine „Entlastungsleistung", eine Befreiung vom „Entschlussaufwand" und vom „Reflexionsaufwand", die andernfalls nötig wären; er ist „kritikfest und einwandsimmun", ist „die Bedingung aller zuverlässigen Tradition und Weitergabe, und daher von der äußersten Bedeutung als Sozialzement."[35]

Sozialzement! Sozialperson! Ein dritter Zentralbegriff auf S in Gehlens Sozialphilosophie lautet „Situationsformeln". Das sind Situationen, die „zwar bewusst, aber gedankenlos" verlaufen, gedankenlos, weil sich in ihnen das Denken eines „noch höheren, sie kontrollierenden Bewusstseins", nämlich der Gesellschaft, materialisiert oder eben institutionalisiert. Gehlen räumt ein, dass innerhalb dieses Systems ordentlich funktionierender Mechanismen zwar das „Charakteristische einer Persönlichkeit" einigermaßen verschwindet, aber der Gewinn wiege schwerer als der Verlust: „der Mensch erscheint als optimal angepasst an die Vielheit und Verschiedenheit der Koordinaten des Sozialsystems". Die „Überlegenheit" eines Menschen bestehe nun darin, in komplizierteren moralischen und sachlichen Situationen zu merken, „wann er die schematische Beurteilung außer Kraft zu setzen und aufmerksam zu werden hat, d. h. sich auf die Lösung eines Ausnahme- oder gar Erstproblems einstellen muss."[36]

Diese Ausnahmesituation ist das einzige Zugeständnis, das Gehlens Sozialautomatismus an Adornos Mündigkeitsromantik macht, allerdings ohne zu klären, woran man sie erkennt. Liegt das Ausnahmeproblem vor, wenn zwar die Ampel die Überquerung der Straße verbietet, weit und breit aber kein Auto kommt, weil es Sonntag ist oder mitten in der Nacht? Ab wann ist Rot nicht mehr Rot? Oder gehört die Ampelfarbe zu den Vorgaben der Gesellschaft, die „einwandsimmun" sind?

Klar ist immerhin, dass Gehlen zu den Störfaktoren für die Herausbildung entlastender Automatismen nicht nur menschliche Eigenschaften wie Eigenbrötlerei, Zerstreutheit, Unpünktlichkeit und Unzuverlässigkeit zählt, sondern auch „Autoritätsprotest".[37] Das wird Adorno nicht gefallen haben.

Verhaltenskonditionierung

Gehlens Ansatz der Stabilisierung durch Institutionen lebt weiter im *reinforcement* des Behaviorismus der 1970er Jahre, der in gewisser Weise wiederum im libertären Paternalismus des Nudging aufersteht. Jeweils wird nicht auf Diskussion gesetzt, nicht auf „Reflexionsaufwand", um Gehlens Begriff zu nutzen, sondern auf eine Entscheidungsarchitektur, die das erwünschte Handeln forciert. All diesen Regierungstechniken liegt, trotz theoretischer und praktischer Unterschiede, eine Anthropologie des Misstrauens zugrunde: Misstrauen in die Autonomie und Rationalität des Menschen, die für ihn und die Gesellschaft richtigen Entscheidungen zu treffen.

Spätestens mit dem Behaviorismus wird der Klärungsort für gesellschaftliche Interaktionsprozesse nicht mehr im Diskursrahmen gesehen, der einst zentraler Ansatzpunkt der Disziplinierung war, wie Michel Foucault in seinen archäologischen Studien zur Ordnung des Wissens zeigt. Dazu waren die Diskurse seit den 1960er Jahren viel zu unübersichtlich geworden, dazu hatten sie viel zu sehr an Autorität verloren, als dass sie sich noch regierungstechnisch wirksam einsetzen ließen. Effektiver schien es, den Handlungsrahmen so zu modifizieren, dass die Menschen sich zwangsläufig in der gewünschten Weise verhalten.

Die Unübersichtlichkeit der Diskurslandschaft war es freilich nicht allein. Hinzu kam die Überzeugung, dass kein Mensch wirklich entscheiden könne, auf das zweite Marshmallow zu warten. Weil er zum einen eben eher intuitiv als reflektiert handelt. Zum anderen aber sei der Mensch ohnehin nicht wirklich frei, sondern determiniert durch sein genetisches Material und seine Umwelteinflüsse, woraus ein bestimmtes Verhalten folgt (und sei es das Warten aufs zweite Marshmallow), das umso alternativloser erscheint, je tiefer man bohrt. Frei in seinen Entscheidungen wähnt sich nur, wer diese Konstellation ignoriert. So jedenfalls sah es der Sozialphilosoph und Behaviorist B. F. Skinner in seinem Buch *Beyond Freedom and Dignity* 1971.

Konsequenterweise konzentrierte sich Skinner auf die entsprechende Reaktion der Umwelt auf das Verhalten des Menschen. Das Schlagwort hieß „operante Konditionierung": Das richtige Verhalten wird belohnt (Futter für die Laborratte, Geld oder Schulterklopfen für den Menschen), das falsche wird bestraft (Lärm, grelles Licht, Stromschlag). So wird der Mensch in einem geschlossenen Stimulus-Response-Modell auf die erwünschte Reaktion dressiert. Skinner versprach „automatic goodness",[38] eine Welt, in der strafbares Verhalten verschwindet, ganz so, wie er es schon in seinem Roman *Walden Two* beschrieben hatte, der 1948 erschien, im gleichen Jahr, da Orwell an *1984* schrieb.

Skinners Vorschlag war ein Skandal, als er ihn machte. Der Mensch sei doch keine Laborratte, er sei doch ein rationales Wesen, er habe doch einen freien Willen, mit ihm könne man doch reden.[39] Man attestierte Skinner totalitäres Denken und den Hang zum „Behavorial-Engineering": die Manipulation sozialen Verhaltens im Sinne einer bestimmten Norm, wovor der Philosoph und Begründer des kritischen Rationalismus Karl Popper schon 1945 in seinem Buch *Die offene Gesellschaft und ihre Feinde* gewarnt hatte. Zu diesen Feinden gehörte ganz offenbar Skinner mit seiner Sozialutopie eines durch operante Konditionierung befriedeten Zusammenlebens in einer konfliktfreien Gesellschaft. Wie gesagt: Skinners Ansatz war ein Skandal, als er ihn vorschlug.

Heute erleben die Träume des Sozialingenieurs Skinner ihr Comeback im Kontext der Data- und Network-Science. Die Vermessung der sozialen Welt, die inzwischen computergestützt bis in den letzten Winkel des gesellschaftlichen und individuellen Lebens vorangetrieben wird, ist das „Update einer behavioristischen Utopie“, notiert Shoshana Zuboff in ihrem Buch *Das Zeitalter des Überwachungskapitalismus*.[40]

Zuboff verweist auf den Professor der Computerwissenschaft am Massachusetts Institute of Technology Alex Pentland, ein „Priester instrumentärer Macht“,[41] der, ohne sich auf ihn zu berufen, Skinners Vermächtnis aufgreife. Pentland wirbt für eine computerbasierte Verhaltenstheorie, die soziales Verhalten radikal in hochprädikative Mathematik verwandelt: eine „mathematische Erklärung“, warum die Gesellschaft so reagiert, wie sie es tut, eine Theorie, die die Mechanismen sozialer Interaktionen verknüpft mit den neu gewonnenen Mengen an Verhaltensdaten, mit dem zentralen Ziel, „bessere soziale Systeme“ zu schaffen.[42]

Ein halbes Jahrhundert nach Skinner basiert das Behavioral-Engineering auf der Dreifaltigkeit von Digitalisierung, Datafizierung und Dataveillance. Die prominentesten Datenbeschaffungsmittel sind natürlich die sozialen Netzwerke, in denen wir uns selbst darstellen. Noch wichtiger aber sind vier andere Quellen: 1. Smartphone und Wearables, mit denen wir ständig digitale Daten über unseren Alltag generieren; 2. „Sociocopes“, die, installiert im Smartphone, detailliert Daten über das Alltagsverhalten ihrer Probanden generieren (Bewegungskoordinaten, Umgebungsgeräusche, Körperhaltung);[43] 3. das Internet der Dinge; 4. die Smart City.

All diese Quellen produzieren *ehrliche* Daten, „honest signals“, die, anders als unsere Posts in sozialen Netzwerken, nicht repräsentieren, wie wir gesehen werden wollen, sondern was wir getan haben, also: wer wir wirklich sind.[44]

Ehrliche Daten

Ehrliche Daten sind das Lieblingsthema sozialwissenschaftlicher Analysen im Zeitalter der Digitalisierung und Datafizierung. Das Interesse an nonverbalen und nicht-intendierten Zeichen als unmittelbarem Zugang zum Innenleben des Individuums hat inzwischen seinen eigenen Forschungszweig hervorgebracht: *affective computing*, bei dem es auch um biometrische Daten geht wie Stimmlage, Gesichtszüge, Gestik oder Körperhaltung. Ein anderes populäres Forschungsfeld heißt *community intelligence*: die Analyse sozialer Dynamiken durch die Untersuchung der Aktionen und Interaktionen von Individuen.

Beide Forschungszweige kommen in Pentlands Beispiel für eine gesellschaftlich sinnvolle Dataveillance zum Einsatz. Demnach könnte auf dem Smartphone der Bürger eine App nach untypischen Verhaltensänderungen suchen, um festzustellen, ob sich eine Krankheit entwickelt. Die Kombination dieser Information mit Bewegungsdaten (wo und wann haben sich die Menschen in den letzten Tagen aufgehalten) erlaube dann, das Infektionsrisiko eines ganzen Gebiets zu ermitteln (und zwar viel genauer, als Wasserwerke dies können) und durch entsprechende Visualisierung sichtbar zu machen.[45]

Darf sich die Bürgerin der Installierung einer solchen App auf ihrem Handy widersetzen? Darf sie sich der Seuchenvorsorge entziehen? Pentlands rhetorisches Geschütz – dass allein so Millionen von Todesopfern in den zu erwartenden Pandemien zu vermeiden seien[46] – lässt keinen Zweifel an seiner Position: Der Einzelne muss mit seinen Daten seinen Teil zum Gemeinwohl beitragen.

Ähnlich verhält es sich mit der Optimierung von Arbeitsprozessen, die Sociometric Solutions anbietet, eine 2010 von Pentland gegründete Firma, die seit 2015 unter dem Decknamen Humanyze operiert. Für diese Optimierung werden die Angestellten von Unternehmen aufgefordert, ein „sociometric badge“[47] zu tragen, sodass sich Interaktionen zwischen ihnen besser nachvollziehen lassen. Können Angestellte sich einer solchen Analyse entziehen, die im Interesse ihres eigenen Unternehmens liegt?

Für Pentland liegt das Haupthindernis für die Nutzung der Potenziale einer „data-rich society“ in Datenschutzbedenken und im mangelnden Konsens über die Abwägung zwischen persönlichen und gesellschaftlichen Werten. Sein Votum ist klar: „Wir können die Vorteile fürs Gemeinwohl nicht ignorieren, die ein solches sensorisches System mit sich bringen könnte.“[48]

Pentlands Perspektive ist gesellschaftsfähiger als es erscheinen mag. Auch deutsche Parlamentarier sind ja bereit, das Recht auf informationelle Selbstbestimmung einzuschränken, wenn es dem Allgemeininteresse dient. So sieht das am 26. September 2019 verabschiedete Gesetz zur Errichtung eines Implantate-Registers die Erfassung der sensiblen Gesundheitsdaten in einem staatlichen Patientenregister „auf einer gesetzlichen Grundlage ohne Einwilligung der betroffenen Patientinnen und Patienten" vor.[49] Der Gesetzentwurf räumt zwar ein, dass für die betroffenen Patientinnen und Patienten Risiken bestehen, „z. B. durch die zweckwidrige Nutzung der erhobenen Daten und eine unzulässige Reidentifizierung der Betroffenen", betrachtet dieses Risiko aber als vertretbar im Interesse der Minimierung von Risiken durch Implantate.[50]

Die Argumentation des Gesetzentwurfs ist eine Blaupause für künftige Einschränkungen der informationellen Selbstbestimmung im Interesse des Gemeinwohls und sei deswegen ausführlich zitiert:

> Der Einzelne hat kein Recht im Sinne einer absoluten, uneingeschränkten Herrschaft über seine Daten. Er ist vielmehr eine sich innerhalb der sozialen Gemeinschaft entfaltende, auf Kommunikation angewiesene Persönlichkeit. Informationen, auch soweit sie personenbezogen sind, stellen ein Abbild sozialer Realität dar, das nicht ausschließlich dem Betroffenen allein zugeordnet werden kann. Das Grundgesetz hat die Spannung zwischen Individuum und Gemeinschaft im Sinne der Gemeinschaftsbezogenheit und Gemeinschaftsgebundenheit der Person entschieden. Grundsätzlich muss daher der Einzelne Einschränkungen seines Rechts auf informationelle Selbstbestimmung im überwiegenden Allgemeininteresse hinnehmen.

Das klingt, als schulde das Individuum seine Daten der Gemeinschaft für deren Wohlergehen. Genau so sieht es auch Pentland, der, wenn er das Kollektiv über das Individuum stellt, nicht nur die optimierte Seuchenbekämpfung und Arbeitsorganisation im Sinn hat. Er denkt viel größer. Er denkt an die Organisation von Verhaltensweisen. Jedes Individuum könne von der „kollektiven Intelligenz" menschlicher Gemeinschaft profitieren, wenn es bereit sei, mit ihr gemeinsam die Präferenzmuster und Handlungsgewohnheiten zu entdecken, die am besten zu der sie umgebenden physischen und sozialen Umgebung passen.[51]

Pentland räumt ein, dass dies dem autonomen Selbstverständnis der meisten Menschen im Westen widersprechen könnte. Aber dass Autonomie eine Illusion ist, das hatte er ja schon ein Jahr zuvor in seinem Aufsatz „The Death of Individuality. What Really Governs Your Actions?" geklärt, wonach die Fiktion des Individuums als rationales Wesen aufzugeben sei und akzeptiert werden müsse, dass unsere Präferenzmuster und Handlungsgewohnheiten Ergebnis unserer Umweltbeziehungen sind.[52]

Wer Roland Barthes' Aufsatz *Der Tod des Autors* aus dem Jahr 1967 kennt und nachfolgende Texte der postmodernen (sowie vorangegangene der marxistischen) Philosophie über die Bestimmung des Subjekts durch sein soziales Gefüge, wird Pentlands Mahnung gelassen vernehmen. Die Philosophie hat sich schon vor geraumer Zeit von der Souveränitätsillusion des Subjekts verabschiedet. Was Pentland will, geht allerdings weit über die Neuformulierung dieser Einsicht hinaus.

Im Kontext der Sozialphysik, die Pentland betreibt, ist die Infragestellung individueller Autonomie eine Voraussetzung, auf die er nicht verzichten kann – so wie für Skinners Modell der Konditionierung der Zweifel am *autonomous man* grundlegend war. Erst mit diesem Zweifel lässt sich die „Instrumentierung und Instrumentalisierung sozialer Prozesse" rechtfertigen, die Zuboff Pentland vorwirft.[53]

Behavioral Sequencing

Welche Formen und Ausmaße diese Instrumentalisierung annehmen könnte, illustriert ein Video aus dem Hause eines der größten Datensammler: ein Video des Near Future Laboratory von Googles Alphabet.

Im Jahr 2016 phantasiert Google unter dem Begriff „The Selfish Ledger" über eine App, mit der die Nutzer selbstgesetzte Ziele wie „Eat more healthy" oder „Support local business" erreichen können.[54] Wollte man dann zum Beispiel Bananen kaufen, die im Angebot sind, erfolgte automatisch der Hinweis auf die zwar teureren, aber „locally grown" Bananen. Im nächsten Schritt spricht diese Ledger-Nanny nicht mehr nur Empfehlungen aus, sondern trifft die Entscheidungen gleich selbst, wie es lapidar heißt: „Vorschläge können auch vom Ledger selbst statt von den Nutzern umgesetzt werden."[55]

Dieser Satz visioniert den Wechsel vom Nudging zur Algocracy: der algorithmischen Durchsetzung des erwünschten Verhaltens. Im vorliegenden Fall ist dieses Verhalten noch vom Individuum selbst gewollt, weil eingangs als Ziel gesetzt. Es wird nur die Entscheidung des reflektierten kognitiven Systems (regionale Bananen oder: zwei Marshmallows wäre besser) technisch gegen die spätere Intervention des intuitiven kognitiven Systems (billige Bananen oder: ich will das Marshmallow jetzt!) immunisiert.

Das Einmaleins der Medienkritik besagt freilich, dass eine einmal geschaffene technische Infrastruktur – weil sie in einer bestimmten Situation als vertretbar erscheint (weniger Datenschutz zum Zweck der Pandemiebekämpfung) – später auch missbraucht werden kann. Und wie sicher ist, dass der algokratische Ledger nicht irgendwann Entscheidungen umsetzt, die gar nicht vom betroffenen Individuum ausgehen, sondern als gut für es (und die Gesellschaft) befunden werden?

Aber zurück zum Video. Denn das war noch nicht alles, was Alphabets Near Future Laboratory sich für die Zukunft der Gesellschaft vorstellt. Und was da noch kommt, schwächt die Vermutung keineswegs, dass der Ledger irgendwann nicht mehr im Sinne seiner Nutzer, sondern der Gesellschaft handeln wird.

Im Video erscheint der Mensch – unter der Überschrift „Unus pro omnibus" – schließlich nicht als Eigentümer, sondern als Zwischenwirt seiner Daten, die er der Menschheit zu ihrer Vervollkommnung schuldig sei: Einer für alle; nicht nur im Seuchenfall.[56] Denn ebenso wie das „gene sequencing" gebe das „behavioral sequencing" Einblicke in das Wesen des Menschen, und so wie bei der Gensequenzierung die gewonnenen Einsichten gezielte Eingriffe ermöglichen, so erlauben die in den Verhaltenssequenzen erkannten Muster, das Verhalten der Gesellschaft besser zu verstehen und schließlich auch – denn darum geht es jeweils – besser zu modifizieren.[57]

Als das Video 2018 geleakt wurde, beschrieb es ein Google-Sprecher als Gedankenexperiment im Modus des „spekulativen

Designs“: Man wollte mit provokanten Zukunftsideen eine gesellschaftliche Debatte über technische Möglichkeiten und soziale Akzeptanzgrenzen anstoßen, keineswegs handle es sich hierbei um ein aktuelles oder künftiges Produkt von Google.[58]

Das klingt zum einen, als sei das Video absichtlich geleakt worden, um jene gesellschaftliche Debatte auch wirklich zu initiieren. Zum anderen lässt sich kaum der Verdacht vermeiden, dass es sich doch um eines von Googles Zukunftsprojekten handelt. Zu sehr erinnert das Konzept der gesellschaftlichen Verwertung individueller Daten im Gedankenexperiment Selfish Ledger an Googles sehr reales Project Baseline zur Kartierung der menschlichen Gesundheit.

Dieses Projekt sammelt von seinen Teilnehmerinnen Daten über ihren körperlichen Zustand und ihren Tagesablauf: durch Interviews, Daten zum Ess- und Bewegungsverhalten sowie Wearables für die Messung von Puls, Blutdruck und Schlafzyklus. Das Projekt enthielt im Sommer 2022 sieben verschiedene Kategorien (COVID-19, General Health, Gut Health, Heart Health, Sleep Health, Skin Health, Depression) und warb – ganz im Sinne des Prinzips *unus pro omnibus* – um Teilnehmer mit den dadurch möglichen Verbesserungen für alle: „Deine Teilnahme wird wissenschaftliche Entdeckungen ermöglichen, die uns allen helfen werden, gesünder zu leben.“[59]

Was ließe sich dagegen sagen? Und wer wollte nicht Googles App Lens benutzen, mit der man verdächtige Ereignisse am eigenen Körper per Foto und verbaler Zusatzinformation einsenden kann, um ihren Besorgnisgrad zu ergründen. Dass Google damit seinen Datenpool über die medizinische Situation der Bevölkerung füllt, dürfte und sollte niemanden beunruhigen: Wenn es den Betroffenen und der Gesellschaft hilft, besser über sich Bescheid zu wissen! Oder?

Auf der Datenanalyse beruht die Konditionierung, die dann regelmäßig Optimierung heißen wird. Im Fall der Gesundheits-App könnte sie darin bestehen, die nötigen Quarantänemaßnahmen auszusprechen und deren Einhaltung durch Abgleich der Bewegungsdaten durchzusetzen, wie es während der Covid-Pandemie in manchen Staaten schon geschah. Im Falle der Arbeitsprozesse wird es ein angepasstes Prozessschema geben. Wie sich das gesellschaftliche

Leben unter dem Regime des Selfish Ledger gestaltet, illustriert vielleicht demnächst ein weiteres Leak aus dem Haus Google.

Algocracy

Die Vermessung der Gesellschaft in all ihren Facetten ist die Fortsetzung der Selbstbeobachtungs- und Selbstoptimierungspraktiken, die mit der bürgerlichen Buchkultur begannen und mit der Soziologie zur Wissenschaft wurden. Die Soziologie, darin liegt der tiefere Sinn von Pentlands Buchtitel *Social Physics*, ist die Erweiterung der physikalischen Vermessung der Welt auf die Gesellschaft bis in die Köpfe ihrer Mitglieder hinein, woran die Projekte des *affective computing* arbeiten. Völlig neu freilich sind die Möglichkeiten, die sich der angewandten Sozialwissenschaft nun im Sinne der Verhaltenskonditionierung bieten.

Das Nudging der Datenkapitalisten mit ihrer personalisierten Produktempfehlung erscheint vor dem Hintergrund des Kommenden geradezu harmlos. Es ist zwar aufdringlich, aber nicht unentrinnbar, und kann sich zudem darauf hinausreden, uns ganz ideologie- und normfrei zu Diensten zu sein, wenn es im Bedarfsfalle selbst pornografische und rechtsextreme Inhalte anbietet.

Anders verhält es sich, wenn das Individuum nicht auf bestimmte Produkte gestupst, sondern auf bestimmte Verhaltensweisen festgelegt werden soll: Wenn Pentlands App die Einhaltung der Quarantäne oder die Vermeidung von Hot Spots forciert, wenn Googles Ledger den Gang zur Kasse nur mit den richtigen Bananen im Korb erlaubt. Und sobald im Radikalmodus des Digitalen bekannt ist, wer sein Budget an Flugmeilen und Rindfleisch erschöpft hat, lassen sich auch hier die Vorgaben der Gesellschaft (oder eines „gütigen Diktators") verlässlich gegen das Individuen durchsetzen.[60]

An dieser Stelle ist die Entscheidungsarchitektur des Nudging (Apfel vorn, Pudding hinten) längst umgeschlagen in die Alternativlosigkeit einer Wenn-Dann-Konstellation. Aus Überredung oder Manipulation wird Zwang und Fernsteuerung, was die Frage umso dringlicher macht, wer eigentlich die Regeln bestimmt:

die Priorisierung des Apfels, die Quarantäne, die Budgetierung der Flugmeilen und so weiter.

Die Antwort hängt vom jeweiligen politischen System ab. Im schlimmsten Falle stammen die Regeln von denen, die auch über die Infrastruktur ihrer Durchsetzung verfügen, im besten Falle werden sie demokratisch ausgehandelt. Entscheidend ist, dass die Subjekte bei einem einmal installierten Wenn-Dann-Mechanismus nicht mehr selbst entscheiden können, ob sie den Regeln folgen wollen.

Vor eben diesem Paradigmenwechsel warnte die Ethik-Kommission Automatisiertes und Vernetztes Fahren, die der deutsche Verkehrsminister im Frühjahr 2016 einberufen hatte. In ihrem Bericht mahnt sie, dass die Automatisierung des Verkehrs nicht die Missachtung der Verkehrsregeln verhindern dürfe. Als Zitat: „Ausdruck der Autonomie des Menschen ist es, auch objektiv unvernünftige Entscheidungen wie eine aggressivere Fahrhaltung oder ein Überschreiten der Richtgeschwindigkeit zu treffen.“[61]

Nein, die Ethik-Kommission verteidigt damit nicht unmoralisches Verhalten. Das Gegenteil ist der Fall. Denn moralisches Verhalten gibt es nur, wenn man sich dazu entschließt; wenn das richtige Handeln von Innen kommt und nicht durch ein äußeres System vorgegeben wird. So erklärte einst Immanuel Kant das Grundprinzip des mündigen Bürgers.

An diesem Prinzip will die Ethik-Kommission offenbar festhalten, wenn sie in der zitierten Passage weiter betont, es widerspräche dem Leitbild des mündigen Bürgers, würde der Staat das Leben der Bürger zu ihrem vermeintlichen Wohle „unentrinnbar durchnormieren und abweichendes Verhalten sozialtechnisch bereits im Ansatz unterbinden“. Für die Kommission heiligt der Zweck – anders als bei Skinner und Pentland – nicht die Mittel.

Die Freiheit der Entscheidung – wie sehr auch immer diese durch das soziale Umfeld bestimmt sein mag – unterscheidet die Demokratie von der *Algocracy*: der Regierungstechnik, die nicht an Diskurse glaubt und es auch nicht mehr beim Nudging belässt, sondern auf algorithmische Durchsetzung der bestehenden Regeln setzt. Und das ist keineswegs nur eine theoretische Debatte.

Algorithmische Regierungstechniken beherrschen bereits die Alltagskommunikation, wenn keine Diskussion – also auch kein Widersprechen und Verhandeln – mit einem menschlichen Gegenüber mehr möglich ist. Das beginnt beim kontaktlosen Einchecken des Koffers im Flughafen, was nur erfolgreich sein wird, wenn die Gewichtsobergrenze eingehalten ist. Oder die Steuererklärung online! Man mag nicht immer wissen, welche Daten da eigentlich verlangt werden und wie man diese erbringen kann. Aber das ist nicht das Problem derer, die sich nun nicht mehr befragen lassen. Sie haben die Kommunikation an den Algorithmus delegiert, und der handelt streng nach Vorschrift: Wenn alle geforderten Daten beschafft sind, dann geht es auch weiter.

Die sozialtechnische Verhinderung abweichenden Verhaltens, vor der die Ethik-Kommission im Kontext des automatisierten Fahrens warnt, ist längst Realität. Noch geschieht es zwar nicht, dass unser Auto uns am Rasen hindert, obwohl es natürlich weiß, wann wir das tun, wie das Warnlicht im Armaturenbrett belegt. Noch operiert unser Auto im Modus des Nudging: will durchs Warnlicht zum Abbremsen überreden und durch den leichten Widerstand beim Spurenwechsel zum Setzen des Blinkers. Technisch möglich aber wäre das schon, was in politischer Hinsicht laut Ethik-Kommission nicht sein darf.

Und sie wird auch schon praktiziert, die ferngesteuerte Durchsetzung des richtigen Verhaltens durch technische Mittel.

Gamification

Das Einsatzfahrzeug für diese Fernsteuerung ist nicht das Auto, sondern der Elektro-Roller, der im Sommer 2019 für Aufregung sorgte, als er plötzlich die Gehwege unsicher machte, die bisher für die schwächsten der Verkehrsteilnehmer reserviert waren. Der Kompromiss war die *smarte* Geschwindigkeitsbegrenzung, die nur dann einsetzt, wenn sie tatsächlich nötig ist, da also, wo viele Fußgänger unterwegs sind.

Eine solche Tempodrosselung ist per GPS-Ortung leicht durchsetzbar – im Fachjargon heißt sie „Geofencing" – und würde das verantwortungslose Rasen nahe einer Menschenmenge schon auf technischer Ebene verhindern. Kein Wunder also, dass manche Kommunen von den Anbietern der E-Roller eine entsprechende Nachrüstung der Software fordern.[62] Ebenso wenig erstaunt, dass die Anbieter, um ihr Geschäftsmodell zu sichern, bereit sind, „geofenced slow-riding zones“ einzurichten,[63] die sich freilich auch flexibel aktivieren lassen, immer dort nämlich, wo es auf dem Gehweg zu einer Verdichtung von Smartphone-Signalen kommt.

Gefordert und versprochen wird hier genau das, was laut Ethik-Kommission die Autonomie des Menschen schwächt: die Unentrinnbarkeit einer Wenn-Dann-Konstellation. Und warum sollte man nicht das Rasen der Roller zwischen wehrlosen Fußgängern technisch verhindern, statt darauf zu hoffen, dass betrunkene Rabauken sich verantwortungsvoll gegenüber ihren Mitmenschen verhalten?

Weil es der nächste Schritt wäre! Der nächste Schritt nach dem Nudging durch eine entsprechende Entscheidungsarchitektur und nach dem Behavioral-Engineering durch operante Konditionierung. Es wäre genau jene Lösung sozialer Probleme durch technische Mittel, vor der die Ethik-Kommission warnt. Es wäre der Übergang zur algorithmischen Regierungskunst, bei der sich nicht nur die Regeln der Diskussion entziehen, sondern auch die Option ihrer Missachtung nicht mehr besteht.

Vorerst und bis dahin gilt das Modell des Nudging, das zunehmend Zuspruch findet, wie die Apparate am Handgelenk und die Applikationen im Internet zeigen, die Bewegungsverhalten und Essgewohnheiten analysieren und permanent zu guten Leistungen und richtigen Entscheidungen überreden: durch den Vergleich mit Optimalwerten, durch die Transparenz gegenüber anderen Nutzerinnen, durch Awards für erreichte Ziele.

Die Scores, mit denen diese Apps uns motivieren, noch etwas länger zu trainieren oder noch etwas tiefer in einen Text zu dringen (Gibt es eine solche App? Technisch möglich wäre das!), sind das numerische Äquivalent zur räumlichen Anordnung von Apfel und Pudding: das Nudge der Zukunft. Diese Scores sind – auch das bezeugt den stattfindenden Paradigmenwechsel – inzwischen so unerlässlich, dass die Trainingseinheit als sinnlos erscheint, wenn das Fitbit aussetzt und die Anstrengung nicht ins Scoring eingeht. Die neuen Technologien stellen selbst alte Sprichwörter auf den Kopf: Ohne Preis kein Schweiß.

Die Zukunft des Nudging ist seine Gamification. Allerdings nicht jene Form der Gamification, die bei einem Nudging-Klassiker wie der „Klaviertreppe" 2013 in Stockholms U-Bahn-Station Odenplan zum Einsatz kam: Hier wurde die Treppe mittels Elektroden und Klebestreifen in ein begehbares Piano verwandelt, damit die Menschen es vorziehen, schrittweise auf ihr Töne zu erzeugen, statt regungslos auf der Rolltreppe daneben herumzustehen; ein Stupser mit dem Flair einer kollektiven Spontan-Performance, der vielen Menschen ein bisschen mehr Bewegung verschaffte.

Diese Art der Gamification bringt keine Punkte ein und auch kaum Anerkennung, die bei anderen Formen des wettbewerbsfreien Spielens – auf einem üblichen Piano vor Publikum etwa – immerhin noch enthalten ist. Die „Klaviertreppe" steht dem Spiel im Sandkasten näher als dem Klavierspiel. Die Zukunft des Nudging aber ist nicht der Spaß des Spiels, sondern der Wettbewerb, der einen Score ergibt. Man will nicht nur zum Apfel gestupst werden, man will eine Zahl dazu: zur Selbstvergewisserung, zum Vergleich, zum Vorzeigen. Ohne Zahl kein Spiel.

Die Zukunftsform der Gamification ist ein Wettbewerb, bei dem man nicht gegeneinander antritt wie beim Kartenspiel, beim Sport oder bei einer App, die ihre Teilnehmer ins Rennen um das intensivste Training oder den effektivsten Gewichtsverlust schickt. Es ist ein Wettbewerb, bei dem alle gegen alle antreten, ohne einander zu kennen und ohne je voneinander zu erfahren; ein Wettstreit, bei dem es aber trotzdem Sieger und Verlierer gibt. Denn das vermessene Ich kommt erst wirklich zu sich als Teil eines metrischen Wir.

Das einschlägige Beispiel für das metrische Wir im Permanenzwettbewerb ist das Social Credit System, mit dem in China seit einigen Jahren experimentiert wird. „Natürlich", sollte es heißen, weil der Vorgang in China ein Thema ist, das regelmäßig als Horror-Szenarium in den Medien auftaucht. Gerade deswegen ist ein genauerer Blick auf dieses Thema angebracht.

Der Ausgangspunkt für Chinas Social Credit System war die Notwendigkeit, in der Öffnungsphase der chinesischen Wirtschaft Vertrauen in Finanzfragen zu schaffen. Das Stichwort, unter dem Jiang Zemin 2002 auf dem 16. Parteitag der Kommunistischen Partei Chinas die Schaffung eines Social Credit Systems empfahl, hieß *zhengxin*: Finanzkredit.

Auf dem 6. Plenum des 17. Parteitags der KPCh im Oktober 2011 wiesen die Ziele des sozialen Kreditsystems schon über seine ökonomischen Aspekte hinaus: auf die Teilgebiete Regierung, Handel, Justiz, Gesellschaft. Im Juni 2014 veröffentlichte der Chinesische Staatsrat die „Planning Outline for the Construction of a Social Credit System (2014–20)".[64] Nun ging es längst nicht mehr um finanzielle Reputation allein, es ging um Verlässlichkeit in jeder Hinsicht: bezüglich Produktqualität, medizinischen Service, korrekte Arbeit der Ämter, individuelles Verhalten. Das neue Stichwort hieß *chengxin*: Redlichkeit.

Der Ausbau der Kreditwürdigkeitsprüfung zum Vehikel einer „reputation society" (*xin- yong shehui*) schien nötig angesichts der jüngeren und älteren Geschichte Chinas. Zum einen war China eine an Verwandtschaftsbeziehungen orientierte Gesellschaft, in der es keineswegs als unmoralisch galt, im Interesse der eigenen Familie Fremde zu hintergehen, ganz im Sinne des konfuzianischen Prinzips *xiào* als Ehrfurcht und Loyalität gegenüber der Familie.[65]

Zum anderen brachten die raschen sozio-ökonomischen Veränderungen im Zuge der Reformpolitik rapide Umbrüche und soziale Ungleichheit in der Gesellschaft mit sich, einschließlich einer Landflucht beziehungsweise Wanderarbeiterbewegung der jungen Chinesen, was das traditionelle Konzept der Generationensolidarität untergrub. Es galt Vertrauen zu schaffen, und zwar in alle Richtungen: bezüglich der Kundinnen eines Unternehmens ebenso wie bezüglich des Unternehmens, das genauso wie ein Individuum auf der Schwarzen Liste landen kann, wenn es giftiges Milchpulver verkauft, die Umwelt verschmutzt oder ein Restaurant ist, das sich nicht an die Hygieneregeln hält.

So wurden die Schwarzen Listen (*hei mingdan*) eingerichtet, die den Vermerk einer Dienststelle auch anderen Dienststellen an anderen Orten einsichtig machten. Zudem sollte das Fehlverhalten in einem Bereich Konsequenzen auch in anderen Bereichen haben.[66] Deshalb gibt es ein Benutzungsverbot für Flugzeuge oder Schnellzüge nicht nur, wenn man im Zug geraucht oder die Anweisungen des Flugpersonals nicht befolgt hat, sondern auch für Steuervergehen oder politisches „Fehlverhalten" in sozialen Netzwerken. Nach der unmittelbaren Bestrafung für die Zugbeschmutzung und das Steuervergehen lauert die dekontextualisierte Zweitstrafe.

Zu den Schwarzen Listen kamen die Roten, seit dem „Second Summit for the Construction of City Social Credit" im Juni 2018, sowie ein ausgeprägtes Belohnungssystem für gute Credit Scores: CreditEase+ (*xinyi jia*). Die Belohnung erfolgt nach dem gleichen Dekontextualisierungs- und Transferprinzip wie die Bestrafung: „Ein ‚gutes' Verhalten in einem Bereich des Verwaltungs-, Geschäfts- oder Soziallebens sollte sich auch in anderen Bereichen positiv auswirken."[67]

In der Einheit von Bestrafung und Belohnung mutiert das *Chengxin*-Konzept der Redlichkeit zu einer Form des Behavorial-Engineering. Die „operante Konditionierung" stützt sich auf die Nutzung Schwarzer und Roter Listen, auf Abzug und Vergabe von Punkten, auf moralische Anerkennung (*Chengxin*-Awards: Auszeichnungen für Redlichkeit) und Privilegien: Kredit- und Steuervorteile, Erleichterung von Visa-Anträgen, Zugang zu Luxushotels und Airport-Lounges oder, im Falle von Sesame Credit, dem Social Credit System der Alibaba-Group, eine bevorzugte Platzierung auf Dating-Sites und VIP-Zugang zu Hotels.

Der Anspruch einer umfassenden Verhaltenskonditionierung führt das Redlichkeitskonzept über ökonomisches und politisches Fehlverhalten hinaus zur Ahndung auch von sozialem Fehlverhalten wie extensivem Computerspiel (was als Müßiggang gilt) oder die Vernachlässigung der Eltern (was seit dem Law of Protection of Rights and Interests of the Aged 2013 strafbar ist). Die Benutzungs- und Zugangsbeschränkungen, zu denen ein schlechter Credit-Score führt (Schnellzüge, Flugzeuge, Hotels, Restaurants), erzeugen nicht nur aktuelle Einschränkungen, sondern wirken sich auch auf die Zukunftsgestaltung aus, wenn sie den Zugang der Kinder zu bestimmten Bildungseinrichtungen betreffen oder die Anstellung im öffentlichen Dienst.

Die Berichte in westlichen Medien erregen manchmal den Eindruck, als beherrsche das Social Credit System in China bereits allumfassend den Alltag. Das ist nicht der Fall. Auch werden die Bürger nicht für „falsche" Kontakte bestraft, indem die Scores ihrer Freunde mit in Rechnung gestellt werden, wie es die Funktion „interpersonal relationships" bei Sesame Credit vorsah. Vielmehr ging die Regierung 2017 auf Distanz zu Sesame Credit und anderen kommerziell betriebenen Social Credit Systemen und gab 2018 Baihang Credit, einem Zusammenschluss verschiedener IT-Unternehmen, darunter auch Alibaba, eine Lizenz für die Entwicklung eines Social Credit Systems.[68]

Und doch: Was die Zentralregierung 2014 mit der „Planning Outline for the Construction of a Social Credit System" vorgab, wird in 43 offiziellen Pilotprojekten längst in mehreren Millionenstädten getestet, delegiert an Regionalpolitiker, die wiederum im Wettbewerb miteinander stehen um den besten Score bei der Zentralregierung – eine für China typische Methode der Innovation, ausschlaggebend auch für die ökonomischen Reformen.[69]

Es ist keineswegs so, dass die meisten Chinesen das Social Credit System als ein panoptisches Überwachungs- und Disziplinierungssystem wahrnehmen. Im Gegenteil, die Zustimmung ist sehr hoch, und zwar gerade in den finanziell besser gestellten und gebildeteren Bevölkerungsteilen, bei denen man zu Unrecht am ehesten Kritik erwarten mag. Denn auch diese Teile profitieren vom Sicherheitsgewinn. Die überwiegende Mehrheit sieht das Social Credit System als das, als was es die Zentralregierung bewirbt: einen Beitrag zu sozialer und ökonomischer Stabilität durch die Mittel des technischen Fortschritts.[70]

Das Sozialkreditmodell ist die härtere Alternative zum Nudging, versüßt als Wettbewerb, in dem sich Disziplinierung als Selbstoptimierung und Nutzenmaximierung tarnt. Dieser Wettbewerb wird explizit, wenn Sesame Credit seine Nutzer raten lässt, ob ihr Score höher oder niedriger als der ihrer Freunde ist, und sie ermuntert, sich die Scores gegenseitig zu zeigen.[71] Sesame Credit ist die „Big-Data-Gamification-Version der Überwachungsmethoden der Kommunistischen Partei".[72] Der Wettbewerb lebt zwar von der Digitalisierung des Alltags, wird jedoch auch offline forciert: wenn zum Beispiel das Verhalten der Nachbarn an ihrem Hoftor oder am Dorfaushang ablesbar ist anhand der roten Sternchen, die von einem entsprechenden Komitee für Sauberkeit und vorbildliches Verhalten vergeben werden.

Die Berichte über Chinas Sozialkreditmodell führen oft zur Frage, ob der Westen mit seiner anderen Vorgeschichte (Aufklärung statt Konfuzianismus) und seinem Konzept des mündigen Bürgers (statt des Gleichmuts von Daoismus und Buddhismus) immun ist gegenüber einem System, das Kants moralischen Imperativ zu einer „automation of responsibility"[73] verkehrt.

Die spontane Antwort lautet Ja, und sie kann sich auf gesetzliche Vorsorgemaßnahmen berufen wie etwa die KI-Verordnung der EU, die fordert, „die Bewertung des sozialen Verhaltens für allgemeine Zwecke mithilfe von KI durch öffentliche Behörden (‚Social Scoring') zu verbieten".[74] Auch das an Kanada angelehnte Punktesystem des im Juni 2023 verabschiedeten deutschen Fachkräfteeinwanderungsgesetzes wird man nicht als Social Scoring bezeichnen wollen, sondern lediglich als die Herstellung einer numerischen Entscheidungshilfe über die Vergabe von Einreisegenehmigungen.

Gleichwohl bezeugen Skinners Behaviorismus – mit der „automatic goodness"[75] – und sein computerbasiertes Comeback in Pentlands „Sozialphysik", dass auch dem Westen Überlegungen zur Automatisierung verantwortlichen Sozialverhaltens nicht fremd sind. Unternehmen wie Uber und Airbnb wiederum setzen das Sozialkreditmodell längst zur Absicherung ihres Geschäftsmodells ein. Und zwar teilweise radikaler als in China. Denn bei Uber und Airbnb treten sich Anbieterin und Kunde jeweils mit einem Score gegenüber, während in China zwar in der Windschutzscheibe des Taxis der Score der Fahrerin angezeigt wird, es aber keinen Score für die Kunden gibt.[76]

Das Scoring-System bei Uber und Airbnb ist deshalb umfangreicher, weil bei Plattformdiensten Vertrauen zwischen Fremden auf beiden Seiten aufgebaut werden muss und weil im Digitalen sich die Daten für beide Seiten viel leichter bestimmen lassen. Neben der sozialen Notwendigkeit ist auch die technische Möglichkeit eine Triebkraft des Scorings, und zwar auch im Westen.

Die Bewertung bei Uber und Airbnb mag als relativ harmlos gelten, jedenfalls so lange Fahrerinnen oder Kunden von Uber nicht eines geringen Scores wegen exkommuniziert werden. Davon sind zumindest letztere bisher nicht betroffen, während eine Fahrerin oder ein Zusteller den Zugang zur Uber-Plattform ganz oder teilweise verliert, wenn ihre beziehungsweise seine Bewertung unter dem Mindestdurchschnittswert der Stadt liegt. Auch ohne Zugangssperre aber ist der Druck dieser Art von „Qualitätssicherung“ immens und schonungslos, wie wiederum die Crowdworker auf Amazons Mechanical Turk wissen, die – wie die Taxifahrer in Rongcheng – auf der Suche nach neuen Aufträgen ihren Score der Zufriedenheit bisheriger Kunden mit ihrer Arbeit vor sich hertragen.

Ein ganz neues Kapitel der digitalen Reputationserfassung eröffnet sich unter dem Stichwort Web3, der „nächsten Phase des Internets und vielleicht auch der Organisation der Gesellschaft“.[77]

Zur Erinnerung: Als Web 1 bezeichnet man heute das Internet nach der Einführung von Hyperlink und Webbrowser 1989/90, das aus statischen Webseiten bestand, die gelesen, aber nicht beschrieben werden konnten. Das Web 2.0 (seit 2004 bis heute) ist gekennzeichnet durch Plattformen mit interaktiven Webseiten, die das Kommentieren und Hochladen eigener Inhalte erlauben (Blogs, Wikis, soziale Netzwerke).

Web3 steht für ein dezentrales Online-Ökosystem basierend auf der Blockchain-Technologie. Statt riesiger Plattformen, die von zentralen Gatekeepern kontrolliert werden, gibt es *dezentralisierte autonome Organisationen* (DAOs), die von den Nutzern selbst entwickelt und gepflegt werden, wofür diese „Tokens“ erhalten: Wertmarken, die Mitspracherecht, Reputation oder ökonomische Anrechte repräsentieren. Diese Tokens heißen im Fachjargon NFT (*non-fungible token*) und stellen eine Art digitale Besitzurkunde dar, die nicht gefälscht oder manipuliert werden kann. Auch die DAOs sind fälschungssicher konzipiert, denn sie basieren auf transparenten Computerprotokollen (*smart contracts*), die Ziel und Handlungsspielraum einer DAO festlegen und zugleich durchsetzen, also auch durch ihre Gründer nicht übertreten oder überschrieben werden können.

Was Web3 wirklich bedeutet und in Zukunft sein kann, ist unklar und umstritten. Für manche ist es nicht mehr als ein „Buzzword“ oder „Fairy Tale“.[78] Andere sehen darin die glänzende Zukunft des Internets, die an sein goldenes Zeitalter als dezentrales Web 1 auf höherer Entwicklungsstufe anschließt. Für die hier geführte Diskussion ist das Konzept des Web3 deswegen interessant, weil es ähnlich wie das chinesische Sozialkreditmodell ein Verfahren darstellt, das Vertrauen durch zertifizierte Reputation ersetzt.

Die *smart contracts* sorgen dafür, dass in einer DAO keine Geschäftsführerin mehr aus Eigennutz oder Inkompetenz gegen den Willen und das Interesse der Anteilseigner handeln kann. Die NFTs sichern Nachweise über das eigene Verhalten, die nicht manipuliert werden können. Dem Namensgeber des Web3, Gavin Wood, zufolge lautet der Slogan des Web3: „less trust, more truth“ – weniger Vertrauen, mehr Wahrheit und Verlässlichkeit.[79]

Ein Beispiel für die Reputationssicherung im Web3-Modus ist das Startup Station, das die Selbstauskunft per Lebenslauf und Resümee auf LinkedIn durch NFT-gesicherte Nachweise und Bewertungen erledigter Projekte in verschiedenen DAOs ersetzt.[80] Aus der Perspektive der in China aufgewachsene Mitbegründerin Tina He liegt das Problem nicht etwa im Dikat des Bewertens, sondern in dessen ungenügender Basisdemokratie und Transparenz sowie in der mangelnden Transferierbarkeit der NFT-Nachweise – wie etwa der erworbenen Reputation als Reddit-Admin an einen Ort im Internet jenseits von reddit.[81]

In der Welt des Web3 wird allerdings nicht nur der Verdienst als Admin, sondern auch der Besitz eines Writing-NFTs (der Kauf, also Support, eines öffentlich zugänglichen Artikels, den XY geschrieben hat) publik gemacht, was dann möglicherweise die Tür für einen Buchclub öffnet, den wiederum XY unterstützt. Die Auskunft über diesen Besitz wird im Web3-Slang gern als „form of identity", als „expressing oneself", als Schaffung einer „shared community" überhöht.[82] Sachlicher im Begriff und ähnlich in der Absicht sind die POAPs (*proof of attendance protocol*): NFTs, die ihren Besitzern die Teilnahme an einem Ereignis (Party, Schulung, Versammlung) attestieren und, als „collection of POAP badges", seine oder ihre „decentralized identities" (weniger pathetisch ausgedrückt: Aktivitäten) präsentieren.[83]

Eine Sammlung an PAOP-NFTs ist wie das visuelle Tagebuch unserer Lebensereignisse („a visual diary of your life events") – so die Werbung für die POAP-App – und macht fortan das Subjekt aus. Ein Tagebuch, das sich präsentieren lässt, wo immer dies nötig erscheint. Anders als beim chinesischen Sozialkreditsystem kann das Subjekt zwar selbst bestimmen, wer wann Einblick in dieses Tagebuch erhält. Aber das ändert nichts daran, dass spätestens an der Tür, die es zu passieren gilt, die Freigabe der Information fällig ist und das Subjekt mit seinem Score dann im Wettbewerb steht mit anderen Anwärterinnen auf Einlass.

Ein Beispiel: Disco (www.disco.xyz) – ein Web3-Startup, das ein vertrauensfreies und übertragbares Identitäts- und Reputationssystem entwickelt („trustless and portable identity and reputation system") – will jedem großartigen und hingebungsvollen Fan einer Band zu den Privilegien verhelfen, die damit verbunden sein mögen. Dazu werden die Anzahl der Konzerte, die dieser Fan von seiner Lieblingsband bereits besucht hat, die Anzahl an Stunden, die er ihre Musik gehört, und die Produkte, die er von ihr gekauft hat, erfasst. Solcherart zertifiziert als wirklich „awesome and devoted fan", erhält dieser oder diese beim Besuch der nächsten Show vielleicht Backstage-Zugang, vorausgesetzt an der Tür drängeln sich nicht schon viel zu viele andere Fans mit einem besseren Score.[84]

Den Konkurrenzkampf als Nebeneffekt dieser Erfassung blendet Discos CEO natürlich aus. Vielmehr prophezeit sie enthusiastisch, dass man in Zukunft nicht mehr als sein „Disco profile" benötigen werde, damit sich alle Türen öffnen: von der Sicherheitskontrolle auf dem Flughafen über die Zugtür und mögliche Gesundheitskontrollen bis zum VIP-Raum.[85]

Es bleibt abzuwarten, wie sich die Evaluations- und Reputationssysteme in China und im Westen in den nächsten Jahren entwickeln und ob sie eher divergieren oder konvergieren werden. Die normativen und organisatorischen Unterschiede ändern kaum etwas an ihrer Funktion als disziplinierende Überwachung mit Bestrafungs- und Belohnungseffekten. Wenn dabei von einem „Meta-NFT" die Rede ist, in dem die Bewertungen verschiedener DAOs zusammenkommen, klingt das jedenfalls sehr nach einer Web3-Version des Social Score in China, dezentral, autonom und verbal zwar, aber trotzdem ebenso wie der Score in China eine Auskunft über das Verhalten eines Individuums, die Türen öffnet oder eben nicht.[86]

Dekontextualisierung

Von besonderem Interesse und weitreichender Konsequenz ist das Prinzip, das dieser Überwachung zu Grunde liegt, nicht bei den POAPs, wohl aber im chinesischen Modell: die de-kontextualisierende Quantifizierung.

Die Abstraktion vom Kontext beginnt mit den Schwarzen Listen in China, auf die man wegen eines Steuervergehens kommen mag, mit der Konsequenz, kein Flugzeug mehr benutzen zu können. Die Übertragung eines Vergehens auf andere Sachgebiete ist die Begleiterscheinung zum Übersetzen von Verhalten in eine Zahl als Gradmesser sozialer Integration. Die Zahl kommt ohne Gründe und Beweise aus, ohne die konkreten Beispiele für die gute oder mangelnde Integrationsfähigkeit einer Bürgerin.

Warum hat man einen schlechten Score? Weil man bei Rot die Straße betrat? Weil man die Eltern nicht besuchte, Streit mit dem Vermieter hatte, eine politisch bedenkliche Meinung äußerte, einen Diebstahl beging? Alles Handlungen, die in Chinas Sozialkreditsystem Minuspunkte einbringen. Die Zahl schweigt dazu.

So wie sie dazu schweigt, ob ein Auto in Sicht war, wie die Eltern zum Kind stehen, wie nett der Vermieter ist und was da als politisch bedenklich galt. Die Zahl abstrahiert genauso wie das Geld: Sie stinkt nicht und sie erzählt nichts. Sie lässt den Menschen in seiner Konkretheit verschwinden, reduziert auf einen Posten im Wettkampf um den höchsten Score.

Die Entmenschlichung durch Quantifizierung erfolgt freilich nicht nur mit dem Sozialkreditsystem oder den Kreditbüros des Westens, in denen die Kreditwürdigkeit der Bürger und Unternehmen in Zahlen übersetzt wird, hinter denen die Kategorien und der Kontext der Bewertung – die narrativen Faktoren – schließlich verschwinden. Die Entmenschlichung beginnt damit, dass der Mensch, den sie trifft, in der Zahl verschwindet.

Ein Beispiel ist die Mathematisierung des Geldes: wenn man auf den globalen Finanzmärkten investiert oder auf den Rohstoffmärkten spekuliert und sich nur noch für die Dividende interessiert, nicht aber für die möglichen Folgen dividendenfreundlicher Maßnahmen für Menschen anderswo. Zur Gegenprobe: Würde man in regionalen Unternehmen sein Geld anlegen, deren Angestellten man beim Bäcker und in der Kneipe oder jedenfalls auf der Straße und im Park begegnet, gingen die Schicksale nicht hinter der Investition verloren, träte das Soziale nicht so radikal hinter die Zahl zurück. Der Mensch hätte mit seiner Geschichte noch eine Chance gegen den Fokus der Investition auf die Zahl, die Moral hätte noch eine Chance gegen die Mathematik.

Diese narrative Nähe zu den Konsequenzen des Handelns geht jedoch zunehmend verloren. Inzwischen kommt es sogar zur Mathematisierung der Mathematisierung, wenn Algorithmen das Investmentgeschäft übernehmen und so das „moral disengagement“ zusätzlich vorantreiben.[87]

Am sinnfälligsten wird die Herrschaft der Zahl im Kommunikationskontext der sozialen Medien. Hier offenbart sich die numerische Disposition des Individuums, hier wird sie trainiert, mit Views, Reads, Likes, Subscriber, Follower, Friends. Da kommt es leicht zum Abbruch der Kommunikationsbereitschaft, wenn der numerische Wert eines Kommunikationsangebots nicht hoch genug ist – wobei der Algorithmus zumeist dafür sorgt, dass man solche Angebote kaum zu Gesicht bekommt.

Die Herrschaft der Zahl ist in diesem Falle allerdings noch brüchig. Zum einen ist es möglich, sich abtrünnig ans Ende der Liste zu begeben und die im Ranking weit abgeschlagenen, aber vielleicht gerade deswegen interessanteren Angebote aufzusuchen. Zum anderen kommt nach der Zahl der Kontakt: mit dem Video, dem Tweet, den Kommentaren dazu, dem Account der Kommentatorinnen samt ihrer Follower-Listen. Dieser Zugang zu Wort, Bild und Personen hinter der Zahl ist die Re-Humanisierung des Numerischen. Sie erlaubt noch ein eigenes Urteil über den Menschen, nicht unbeeinflusst vom Score, aber doch über diesen hinaus.

Ein Sozialkreditmodell, das ganz auf einen numerischen Endwert ausgerichtet ist, kennt diese Rückkehr von der Zahl zur Erzählung, diese Vermenschlichung des Mathematischen nicht mehr. Es radikalisiert im Sinne der Wettbewerb-Apps den Fokus auf die Zahl, abstrahiert aber, anders als die App, vom konkreten Wettbewerb. Das Sozialkreditsystem ist ein Wettbewerb, in den alle anderen Wettbewerbe aufgehen – „aufgehoben werden", hätte Hegel wohl gesagt.

Wiedergutmachung

Das Beziehungsgefüge zwischen dem numerischen Selbstverständigungsmodell sozialer Netzwerke, dem Nudging als Regierungstechnik der subtilen Nötigung und dem Sozialkredit als Gamifizierung des Konformismus wird im Laufe der Zeit und mit entsprechender Distanz genauer erkennbar sein. Dann wird sich auch zeigen, wie zentralistisch und omnipräsent das Sozialkreditmodell in China wirklich operiert, ob tatsächlich jede datafizierbare Handlung in den Score eines jeden Individuums eingeht und welchen Zuspruch dies bei der Bevölkerung findet.

Schon jetzt aber ist zu befürchten, dass nicht Adornos anthropologischer Optimismus, sondern Gehlens Misstrauen in die Conditio Humana das letzte Wort haben wird. Ein Ausgang, der umso bedrückender anmutet, als einst das WWW und später das Web 2.0 so viel Hoffnung weckten. Inzwischen aber ist klar: Die Unabhängigkeitserklärung des Cyberspace – als das neue „home of mind“ – gegenüber den „Governments of the Industrial World“ ist gescheitert.[88] Die Befreiung von den Gatekeepern der Öffentlichkeit, die Emanzipation zur eigenen Stimme hat zur Vorherrschaft des Sensationellen und Provokativen geführt und die Menschen zurück zum Naturzustand ihrer emotionalen Erregung.

So würde es wahrscheinlich Arnold Gehlen formulieren, der vor rund einem halben Jahrhundert notierte: „Ein wesentlicher Inhalt der Kultur ist aber stets der Schutz des Menschen gegen seine eigene Natur gewesen, gerade dieser Damm wurde von den Liquidatoren gesprengt.“[89] Die Liquidatoren, das sind für Gehlen die politischen Anarchisten und die künstlerische Avantgarde, die es sich zur Aufgabe gemacht haben, die Institutionen der kulturellen Selbstdisziplinierung in Frage zu stellen, zu attackieren, zu liquidieren.

Nicht unwahrscheinlich, dass Gehlen die Nachkommen dieser Liquidatoren in den Trollen des Internets – à la „Ken M“ (Kenneth McCarthy) – sehen würde, deren Störung der Diskussion in sozialen Netzwerken und Online-Kommentarspalten durch absurde oder politisch inkorrekte Beiträge durchaus an die Bürgerschreckkultur der Dadaisten erinnert. Möglich, dass Gehlen auch auf die Politik der Transgression verweisen würde, mit der die Neue Rechte im Netz gegen die „Normalos“ vorgeht.[90]

Sehr wahrscheinlich aber auch, dass Gehlen im Internet selbst einen Liquidator gesehen hätte, dessen Botschaft das Ende der Gatekeeper und Diskurspolizei – die Exekutive der Institutionen – ist sowie die Stärkung von *present bias* und *instant gratification.* Und gewiss hätte sich Gehlen auch den Verbündeten des Internets vorgenommen, das Smartphone, das zu Situationen geführt hat, die zu seiner Zeit völlig undenkbar gewesen wären: dass Menschen mit halber Aufmerksamkeit durch den öffentlichen Raum gehen oder gemeinsam an einem Tisch sitzen und sich einander in ihre Geräte entziehen.

Vermutlich wären Gehlen und Adorno sich in der Kritik dieses Sittenverfalls sogar einig gewesen, zumindest darin, dass der

Umgangston und das Reflexionsniveau im Web 2.0 den erhofften Ausgang des Menschen aus seiner von wem auch immer verschuldeten Unmündigkeit weder bezeugen noch befördern.

Es wäre ein erhellendes Ereignis, träfen sich Adorno und Gehlen heute erneut zu einem Disput, nun zur Frage, wem die aktuelle Situation eigentlich anzulasten ist: der Technik, der Gesellschaft oder dem Menschen. Vermutlich würde Gehlen dem Internet vorwerfen, mit der Entmachtung der Gatekeeper und dem Modus der Sofortbefriedigung die Bändigungserfolge der gesellschaftlichen Institutionen, die ja schon zu seinen Lebzeiten bröckelten, endgültig zunichte gemacht zu haben. Adorno andererseits würde die Quelle des Übels gewiss weiterhin in den gesellschaftlichen Strukturen sehen: im profitorientierten Geschäftsmodell der Internet-Plattformen und in den heiklen Informationsstrategien der Algorithmen, die daraus folgen.

Vermuten lässt sich zudem, dass Gehlen die Entscheidungsarchitektinnen und Sozialingenieure des Nudging und Social Scoring als Rettung in höchster Not willkommen heißen würde. Denn aus seiner Sicht ist die mangelnde Herausbildung entlastender Automatismen natürlich problematisch, für das Sozialgefüge, das auf diese Weise instabil wird, aber auch für das Individuum selbst: „immer neu provozierte defensive Jetztbewältigungen bedeuten für den Betroffenen eine schwere Belastung an Affekt- und Willensaufwand".[91] Nudging und erst recht das Scoring-System schafft beides: Stabilität und Entschlussentlastung.

Möglich auch, dass Gehlen die Vermessung des Sozialen noch bis in die Köpfe der Bürger hinein als „Wiedergutmachung des Internets" preisen würde. Eine Wiedergutmachung im doppelten Sinne des Genetivs: Nachdem das Internet zunächst die Kultur der Sofortbefriedigung und die Unordnung der Diskurse befördert hatte, schafft es selbst nun die technische Voraussetzung für eine neue Form der Kontrolle und Disziplinierung im Eigenraum.

Das Sozialkreditmodell ist die Rückkehr der Institution in Gestalt des Wettbewerbs, würde Gehlen in diesem neuerlichen Disput mit Adorno vorbringen, und er würde gewiss mit einiger Genugtuung anmerken, dass inzwischen selbst jemand wie Slavoj Žižek – „den man ja eher in Ihrem Lager vermuten würde, lieber

Herr Adorno" – sich eine „richtige Art" (so Žižek) der Fremdbestimmung vorstellen kann und gelegentlich mit einem bürokratischen Sozialismus chinesischer Prägung kokettiert.[92]

Das Internet, so Gehlens Resümee in der hier vorgestellten Unterhaltung, hat der Anarchie die technischen Mittel an die Hand gegeben, macht dies nun aber wieder gut, indem es zugleich den Verantwortungsträgern der Gesellschaft die Mittel zur Verfügung stellt, die es braucht, um das richtige Verhalten „kritikfest und einwandsimmun" zu schematisieren und die Abtrünnigen einer Re-Institutionalisierung zuzuführen: durch eine Zahl als neuem „Sozialzement".[93]

„Wenn man denn die Umstellung von kulturell bestimmter Selbstkontrolle auf technisch forcierte Fremdkontrolle als gut bezeichnen will", wäre vermutlich Adornos Entgegnung – und auch das wäre wohl noch nicht das letzte Wort.

Web3-Institutionalismus

Gut möglich, dass Adorno es bei dieser Entgegnung nicht belassen, sondern auf das noch längst nicht erschöpfte Emanzipationspotenzial des Internets hinweisen würde. „Haben Sie", so könnte seine Gegenfrage an Gehlen lauten, „schon vom Web3 gehört, der nächsten Organisationsweise des Internets und der Gesellschaft insgesamt, dezentral und basisdemokratisch, wie es die Linke immer wollte, das Ende der großen Plattformen online und der regulierenden Institutionen offline, gewissermaßen die Unabhängigkeitserklärung des Cyberspace 2.0?"

Zugegeben, eine solche Äußerung Adornos ist eher unwahrscheinlich. Nicht, weil er Schwierigkeiten hätte, Crypto, NFT oder DAO zu erklären oder gar gegen etwas wäre, das sich gegen große Plattformen und starke Institutionen richtet. Adorno würde schon deswegen nicht als Web3-Advokat auftreten, weil er diese erneuerte Unabhängigkeitserklärung durchschauen würde als luftige Rückkehr zur politischen Utopie der Anfangsjahre des Internets und zur Euphorie, mit der später die Partizipationskultur des Web 2.0 begrüßt worden war. Diese Rückkehr ist im schlimmsten

Falle eine Nebelkerze, um von den eigentlichen gesellschaftlichen Antagonismen abzulenken, und im besten Falle die Illusion einer neuen Generation von „Techies“ oder „Nerds“, Freiheit und Menschenrechte mit technischen Mitteln zu sichern.[94]

Bekanntlich, so könnte Adornos Einspruch gegen den Web3-Utopismus lauten, habe sich die Partizipationskultur des Web 2.0 inzwischen als eine Grube für die Demokratie erwiesen, aber weil die Hoffnung immer zuletzt stirbt, sei nicht auszuschließen, dass ein weiteres Mal im Namen des Fortschritts auf eine im höchsten Maße problematische Entwicklung gesetzt wird, nun unter der Losung einer kollektiven Entscheidungsstruktur, wobei es doch einigermaßen verwundere, wie wenig man an deren Ähnlichkeit mit einer Aktiengesellschaft Anstoß zu nehmen scheint. Und Adorno könnte fortfahren: „Es würde mich nicht verwundern, wenn diese Utopie der selbstbestimmten Interaktion jenseits der Zwänge der Offline-Welt eines nicht allzu fernen Tages sich als Euphemismus der Gig-Economy erwiese, mit dem die ‚DAO Bounty Hunter‘[95] trotz ihrer prekären Situation eine Welt voller Harmonie sich vorgaukeln, weil die ‚Kalifornische Ideologie‘ mit ihrem ‚Dotcom-Neoliberalismus‘[96] ihnen längst erfolgreich das Gefühl, ja ich möchte fast sagen, die Phantasie auch nur, für antagonistische Interessenkonflikte in der Gesellschaft ausgetrieben hat.“

„Ich bin beruhigt“, so lässt sich wiederum Gehlens Reaktion vorstellen, „dass Sie das so sehen, lieber Herr Adorno, statt dem Hype der DAOs zu verfallen oder wie auch immer diese anti-institutionellen Organisationen genannt werden.“ Es reiche doch, dürfte Gehlen fortfahren, dass die Autorität des Staates und seiner Institutionen mittlerweile von allen möglichen Querdenkern und Identitären delegitimiert werde mit einem ebenso ungenauen wie bestimmten Einspruch gegen „die da oben“, als wären die Institutionen nicht auch zum Schutz der Bürger und zur Organisation der Gesellschaft da. Kein Grund also, dieser blinden Stimmung noch künstlich durch ein autonomes, wenn nicht gar anarchistisches Interaktionssystem Vorschub zu leisten; „wir haben ja gesehen, Sie erwähnten es, wohin die sogenannte Befreiung von den Gatekeepern und Experten im Web 2.0 führt“.

Durchaus möglich, dass das Gespräch mit diesem plötzlichen Konsens der beiden Kontrahenten endet. Denkbar aber auch, dass Adorno noch einmal widerspricht, weil er, anders als Gehlen, die Rettung der digitalen Gesellschaft keineswegs in einem technokratischen Sozialkreditmodell sieht, sondern in der Stärkung der Zivilgesellschaft.

Denkbar sogar, dass Gehlen und Adorno sich auf die Seite der Web3-Enhusiasten schlagen und das Konzept der DAOs viel positiver sehen, als hier unterstellt. Und zwar beide, weil DAOs einerseits die Autonomie des Subjekts erhöhen, andererseits aber auch den Automatismus des richtigen Verhaltens installieren, durch *smart contracts*, die eine Art Wenn-dann-Automatismus zwischen zivilgesellschaftlicher Legislative und sozialtechnischer Exekutive darstellen.

Was Code ist, ist Gesetz, und was Gesetz ist, ist in der Welt der DAOs mehr als in Stein gehauener Text: Es ist Architektur – nicht Entscheidungsarchitektur wie beim Nudging oder Behaviorismus, sondern (denn es gibt keine Entscheidungsfreiheit mehr) Interaktionsarchitektur, die das Verhalten innerhalb der DAO strikt und alternativlos regelt. Eine alternativlose Regelung, die zum einen an die „geofenced slow-riding zone" gemahnt, die im Kontext der E-Roller vorgeschlagen wird, zum anderen an die „sozialtechnische" Durchsetzung des gewünschten Verhaltens, vor der die Ethik-Kommission Automatisiertes und Vernetztes Fahren gewarnt hat.

Würde das Gehlen und Adorno zufriedenstellen? Wäre diese Kombination ein robuster Kompromiss für ihre gegensätzlichen Ansichten zur Regelung gesellschaftlicher Belange? Ein Kompromiss, der die Autonomie des Subjekts mit der Macht der Institution versöhnt?

Wahrscheinlich würde sich der Disput der Professoren Gehlen und Adorno auf den Code verlagern. Immerhin müssen die Details der smarten Verträge – die Verfassung der DAO – zunächst festgelegt werden, was eine Menge an Fragen mit sich bringt: Wer entscheidet wie über diese Details? Gibt es so etwas wie eine verfassungsgebende Versammlung? Bleibt potenziellen Mitgliedern der DAO nur die Alternative, entweder dem Vertrag zuzustimmen oder nicht beizutreten, oder sind auch nachträglich Vertragsänderungen möglich? Kurz: Wie basisdemokratisch ist der Prozess der Vertrags-Codierung selbst?

Das Thema bleibt komplex und widersprüchlich und liegt vorerst auf dem Tisch der Politikwissenschaft, die nun zu untersuchen hätte, theoretisch und empirisch, ob die Demokratie der Zukunft tatsächlich im Verbund von Blockchain, *smart contracts*, DAOs, und POAPs liegt und wie sich diese Organisationsform zu herkömmlichen Konzepten direkter Demokratie verhält.[97]

Zu hoffen ist dabei auch, dass die Politikwissenschaft sich nicht davon irritieren lässt, dass im Silicon Valley seit ChatGPT und GPT-4 weniger von Web3 oder NFT die Rede ist als von *natural language processing* und *large language models*, die nun als „the next big thing" gehandelt werden und einen solchen „AI Gold Rush" erzeugt haben, dass jedes Startup, das nur das Wort erwähnt, mit Venture Capital überhäuft wird. Die neue Organisationspraxis, die Web3 und DAOs versprechen, bleibt für die Politikwissenschaft trotz KI-Hype schon deshalb ein interessanter Gegenstand, weil sie gesellschaftspolitisch eine Alternative zum Status quo versprechen, während der KI-Hype ja nur auf dessen Fortsetzung mit neuen technischen Mitteln zielt.

Letzte Meistererzählung

Bei dieser Hoffnung auf Fortschritte der politischen Theorie könnte man die Vorstellung des neuerlichen Gesprächs zwischen Adorno und Gehlen zur Situation des Menschen im technischen Zeitalter belassen – wären bei diesem Radio-Disput (oder war es ein Deepfake?) nicht zusätzlich zu den beiden Deutschen auch der französische Philosoph Jean-François Lyotard und der britische Soziologe Zygmunt Bauman anwesend gewesen, was dem Gespräch schließlich eine weitere Wendung gab, eine Wendung vom Technischen zur Metaphysik des Sozialkreditmodells.

Bauman hatte dem postmodernen Subjekt, dem Subjekt der „flüchtigen Moderne",[98] ein Leben im permanenten Jetzt attestiert, ein Leben in isolierten Momenten, ohne Bezug zu Vergangenheit und Zukunft, ein Leben, das konsequenterweise auf

Sofortbefriedigung aus ist. Das passte zu Lyotards Diktum vom Ende der „Großen Erzählungen“, in denen sich das Individuum einst noch, auf ein Endziel ausgerichtet, geborgen gefühlt haben mag. Am Ende des 20. Jahrhunderts war der Mensch verloren: in seinen Episoden, Ereignissen, Erlebnissen. Nichts wollte sich mehr zu einem sinnvollen Ganzen fügen.

Diese Obsession mit dem Jetzt ist inzwischen so stark, dass nicht einmal die Kunde vom Jetzt länger der Zukunft überlassen wird: Man postet noch aus dem erlebten Moment heraus ans soziale Netzwerk und erwartet instantan den Applaus – nicht erst am Abend oder am nächsten Tag, wenn das Jetzt längst zur Vergangenheit gehört. Man kann so wenig auf den Dopamin-Hit der Likes warten wie Mischels Kinder aufs zweite Marshmallow.

Das Problem: All das eifrige Posting des Erlebten ergibt nicht mehr als Likes, die letztlich auch nur sicher sind, wenn sie entsprechend erwidert werden. Könnten die Jetzt-Ereignisse bedeutungsvoll sein auch über das transaktionale Sharing innerhalb des sozialen Netzwerks hinaus? Gibt es, groß gefragt, einen Sinn jenseits der Mitteilung? Ist eine Akkumulation all dieser Ereignisse zu etwas Höherem, Ganzem noch möglich?

„Social Score“, mögen da die vier Herren in unserem Deepfake-Disput ins Mikrofon rufen, mit unterschiedlichem Eifer. Wenn das ganze Leben dem Scoring unterworfen ist, hat jeder Moment der Gegenwart wieder eine Zukunft, aufgehoben in die Zahl, aufgehoben in der Zahl, zu der dieser Moment als Minus- oder Pluspunkt beiträgt. Aus den unverbundenen „Zeitpfützen“ wird wieder ein „Zeitfluss“, die *episodische* Selbsterfahrung wird wieder *diachronisch*.

Die diachronische Selbsterfahrung des Social Score unterscheidet sich freilich strikt vom alten Selbst-Konzept der *narrativen Psychologie*, wonach erst *erzählte* Zeit *menschliche* Zeit ist, weil erst die Erzählung den Ereignissen des Lebens einen Sinn verleiht.[99]

Das diachronische Selbst der Zukunft ist nicht narrativ organisiert, sondern numerisch: Die Zahl, nicht die Erzählung, wird ihm zum Mittel, sich in Zeit und Raum zu verorten. Im Score addieren sich die Episoden seines Daseins, sofern sie im Sozialkreditsystem dafür präfiguriert wurden: sein extensives Computerspiel, seine

Vernachlässigung der Eltern, sein Streit mit dem Vermieter, sein Überqueren der Straße bei Rot – und all die Dinge, die es richtig machte. Der Verlust der narrativen Verkettung wird korrigiert durch die Kette/n der Numeration.

Ähnlich verhält es sich auf der anderen Seite des Globus, in der Web3-Welt. Wenn der Besuch einer Schulung oder Party und die Unterstützung eines Online-Artikels mit einem NFT oder POAP versehen werden, wird auch dieses jeweilige Jetzt aufgehoben in eine Geschichte, die es vor dem Vergehen bewahrt. Der Studentenspruch „read it for credit" wird zur zentralen Losung des Daseins: Nichts ist mehr nur für sich und bleibt in der Zukunft einer Person bloß dunkel und unbestimmt als Einfluss in der und durch die Vergangenheit wirksam. Alles hinterlässt eine nachvollziehbare Spur.

Aber anders als der Score im chinesischen Modell erzählt das westliche Kreditverfahren der POAPs und NFTs noch. Die in die Zukunft aufgehobene Handlung wird nicht zugleich in eine Zahl transferiert, sie behält ihren Namen und ihre Adresse. Im Web3-Modell ist das diachronische Selbst der Zukunft noch narrativ organisiert.

Was das chinesische Modell betrifft, so geht dem Verlust des Konkreten hinter der Zahl die Aufwertung des Konkreten durch die Zählung voran. Dies begünstigt die Impulskontrolle und mindert den Entschlussaufwand, Vorgänge, für die Gehlen einst maßgeblich die traditionellen Institutionen in der Pflicht sah. Denn es fällt leichter, bei Rot an der Straße zu warten, obwohl kein Auto kommt, wenn es schwerer wöge, dies nicht zu tun. Die de-kontextualisierte Bestrafung – der Punkteabzug nach der Geldstrafe – hebt den Moment an der Ampel auf in und für die Zukunft. Diese Aufhebung ändert fundamental das Verhältnis zu den Schwachpunkten der Conditio Humana, um die es hier geht: *present bias* und *instant gratification*.

Ist die Aufhebung der Gegenwart in die Zukunft durch einen Social Score – oder eben ein Meta-NFT oder POAP-Tagebuch – jene Erweiterung des Marshmallow-Experiments, die der *New Yorker* meint, wenn er zusätzlich zum zweiten Marshmallow auch gleich noch eine Präsidentschaft verspricht? Mischel konstatierte in der Auswertung seines Experiments als Zusatzgewinn zum zweiten Marshmallow höhere intellektuelle und soziale Kompetenz. Der *New Yorker* sieht in der Impulskontrolle, Selbstdisziplinierung, Willensstärke (oder wie immer man das kindliche Warten auf mehr Süßigkeiten nennen will) die kulturtechnische Voraussetzung für das gesellschaftliche Zusammenleben und erst recht für das höchste politische Amt im Staat – und unterstreicht mit der Tatsache, dass Trump drei Tage vorher bekanntlich auch ohne solche Tugenden in dieses Amt kam, den Handlungsbedarf. Wäre das Sozialkreditsystem der Versuch, diese Tugenden mit modernster Technik wieder zu institutionalisieren?

Zu dieser Schlussfolgerung wird Gehlen kommen, mit dem Fazit, dass die letzte Große Erzählung, auf die sich der Mensch noch einlassen könne, die Zahl sei. Mit ihr kehrt die Wahrheit zurück, die in der flüchtigen, narrationslosen Informationsgesellschaft keinen Ort mehr hatte, die Wahrheit, die Sinn und Orientierung stiftet, die Wahrheit, die das Leben wieder stabilisiert.

Wird Lyotard dieses neue *grand narrative* akzeptieren? Das einzige *grand narrative*, das global einsetzbar ist.

Denn eine Erzählung, die auf der Zahl basiert, operiert nicht normativ, sondern numerisch. Sie präsentiert (anders als NFTs und POAPs) keine Inhalte, sie repräsentiert lediglich die Nähe, die Übereinstimmung zwischen einem wie auch immer gearteten Inhalt und dem Individuum. Die Erzählung der Zahl überlässt das Ideal der Zukunft des Menschen dem gesellschaftlichen Kontext seines Auftritts: In China den Werten des Einparteienstaates, im Westen denen der Demokratie, wie auch immer diese sich im Zeitalter von Web3, DAO und KI gestalten mögen.

Es ist zu vermuten, dass Gehlen im imaginierten Disput der toten Denker Lyotard zur Zustimmung überreden kann. Vielleicht auch Bauman. Adorno aber kaum.

Adorno wird darauf bestehen, dass wir uns noch immer und immer mehr vor dem Beginn der Geschichte befinden, und raunen: „Der Fortschritt ereignet sich dort, wo er endet“, um schließlich noch einmal die Lieblingsforderung der Kritischen Theorie vom Ausgang des Menschen aus dem, was die Welt aus ihm gemacht hat, anzubringen.

Denkbar ist vieles.

Anmerkungen

Vorwort. Die Weltbetrachtung des Verdachts

1 Siegfried KRACAUER, „Langeweile“, in: *Das Ornament der Masse*, Frankfurt am Main 1963, S. 321–325, hier: 322.

2 Thomas MANN, *Der Zauberberg*, Stuttgart 1971, S. 146.

3 Zygmunt BAUMAN, *Flüchtige Moderne*, Berlin 2003; Byung-Chul HAN, *Duft der Zeit. Ein philosophischer Essay zur Kunst des Verweilens*, Bielefeld 2009, S. 23 (Punktzeit); für Augustinus' Gegenwartskonzept vgl. *Confessiones*, Buch 11, Kapitel 20.

4 Paul RICŒUR, *Zeit und Erzählung*, Band 1: *Zeit und historische Erzählung*, München 1988, S. 13.

5 Diese Versprechen – und ihre Risiken – verdienen eine gesonderte Behandlung, deren erstes Ergebnis ich unter der Überschrift „Narrative der Weltbeglückung. Die neue Sprach-KI und die Mathematisierung der Ethik“ in den *Blättern für deutsche und internationale Politik* (Juni 2023, S. 63–73) teile.

6 Exemplarisch: Evgeny MOROZOV, *The Net Delusion. The Dark Side of Internet Freedom*, New York 2011; Sherry TURKLE, *Alone Together. Why We Expect More from Technology and Less from Each Other*, New York 2011.

7 Exemplarisch für dieses Verständnis ist Fredric Jamesons Buch *The Political Unconscious* von 1981. Vgl. Stephan BEST, Sharon MARCUS, „Surface Reading. An Introduction“, in: *Representations* 108/1, Herbst 2009, S. 1–21, hier: 15 („There is perhaps no stronger advocate for this position than the Jameson of *The Political Unconscious*, who posits the Marxist critic as heroic in his or her own right, wrestling to free the truth hidden in the depths of the text.“); und Eve KOSOFSKY SEDGWICK, „Paranoid Reading and Reparative Reading: or, You're So Paranoid, You Probably Think This Introduction Is About You“, in: *Touching Feeling. Affect, Pedagogy, Performativity*, Durham 2003, S. 123–151.

8 Heather LOVE, „Close but not Deep. Literary Ethics and the Descriptive Turn“, in: *New Literary History* 41/2 (2010), S. 371–391, hier: 387 („the need to suspend routine activities of unveiling and demystification, to train ourselves out of habits of paranoia and suspicion“).

9 BEST, MARCUS, „Surface Reading. An Introduction“ (wie Anm. 7), S. 1–21; Franco MORETTI, *Distant Reading*, Konstanz 2016.

10 Jeffrey J. WILLIAMS, „The New Modesty in Literary Criticism“, in: *The Chronicle of Higher Education*, 5. Januar 2015: „the critic is no longer like a detective who doesn't trust the suspect but more the social scientist who describes the manifest statements of a text.“

11 Tom SCHEINFELDT, „Why Digital Humanities Is ‚Nice'“; Matthew K. GOLD (Hg.), *Debates in the Digital Humanities*, Minneapolis–London 2012, S. 59–60, hier: 59.

12 Franco MORETTI, *Falsche Bewegung. Die digitale Wende in den Literatur- und Kulturwissenschaften*, Konstanz 2022.

13 Peter SLOTERDIJK, *Wer noch kein Grau gedacht hat. Eine Farbenlehre*, Berlin 2022, S. 12.

14 Hans BLUMENBERG, *Paradigmen zu einer Metaphorologie*, Frankfurt am Main 1997, S. 13.

Verschwendung des öffentlichen Raumes. Über Smartphone-Zombies

1 Ein Teil dieses Essay erschien zuvor unter dem Titel „Smartphone Zombies“ in meinem Buch *Death Algorithm and Other Digital Dilemmas*, Cambridge, MA–London 2018, S. 47–61.

2 www.dailymail.co.uk/news/article-3386268/Woman-glued-cell-phone-falls-canal-China-drowns.html

3 www.youtube.com/watch?v=P9UxWcZbGMQ

4 „GPS guides Norwegian tourists into trouble in Rio“, in: *Reuters*, 25. November 2008 (www.reuters.com/article/us-norwegians-idUSTRE4AO6G720081125); María MARTÍN, „Italian tourist gunned down after GPS led him into slum by mistake“, in: *El País*, 9. Dezember 2016; Dom PHILLIPS, „In Brazilian city that needs tourists, favela attack on UK family takes heavy toll“, in: *The Guardian*, 12. August 2017 (www.theguardian.com/world/2017/aug/12/brazil-favela-attack-tourism-toll).

5 Luciano FLORIDI, *Die 4. Revolution. Wie die Infosphäre unser Leben verändert*, Berlin 2015 (engl. 2014), S. 129 (Inforg), 134 (newtonscher Raum).

6 Johann Gottfried SEUME, „Mein Sommer 1805“, in: *Prosaische und poetische Werke*, Teil 4, Berlin o. J. (1879), S. 8.

7 Odell SHEPARD (Hg.), *The Heart of Thoreau's Journals*, Mineola 2012, S. 96.

8 Lucius BURCKHARDT, *Warum ist Landschaft schön? Die Spaziergangswissenschaft*, Berlin 2006. Zum Wirken von Burckhardt auf mehrere Generationen von Architekturstudenten vgl. Ueli MÄDER, *Raum und Macht. Die Stadt zwischen Vision und Wirklichkeit. Leben und Wirken von Lucius und Annemarie Burckhardt*, Zürich 2014.

9 Paul VIRILIO, *Vitesse et Politique: essai de dromologie*, Paris 1977 (*Geschwindigkeit und Politik. Ein Essay zur Dromologie*, Berlin 1980).

10 Johann Gottfried HERDER, „Briefe zu Beförderung der Humanität", in: *Herders Sämmtliche Werke*, hrsg. von Bernhard SUPHAN, Band 18, Berlin 1883, S. 90f.; Jean PAUL, *Werke*, hrsg. von Norbert MILLER, München 1963, Abteilung I, Band 5, S. 550.

11 www.youtube.com/watch?v=_xLgXIhebxA (04:45)

12 www.ted.com/talks/joe_gebbia_how_airbnb_designs_for_trust

13 Odo MARQUARD, „Apologie des Zufälligen", in: *Apologie des Zufälligen. Philosophische Studien*, Stuttgart 1986, S. 117–139, hier: 119.

14 Umberto ECO, *Das offene Kunstwerk*, Frankfurt am Main 1977 (Mailand 1962), Kapitel „Zen und der Westen", S. 212–236, hier: 214.

15 „When the computer chose a location I would live there for roughly a month. Once there, the computer chose places to go, people to meet, and things to do within the selected city. […] I believe giving in to chance is a way to liberate yourself from personal and social programming that traps you in a narrow sense of self." (https://maxhawkins.me/work/randomized_living.html)

16 Hans JOAS, „Wertevermittlung in einer fragmentierten Gesellschaft" in: Nelson KILLIUS, Jürgen KLUGE, Linda REISCH (Hg.), *Die Zukunft der Bildung*, Frankfurt am Main 2002, S. 58–77, hier: 71f.

17 Rolf LINDNER, *Die Entdeckung der Stadtkultur. Soziologie aus der Erfahrung der Reportage*, Frankfurt am Main 1990, S. 50 („Why go to the North Pole or climb Everest for adventure when we have Chicago?").

18 Walter SIEBEL, *Die Kultur der Stadt*, Berlin 2015.

19 www.nytimes.com/interactive/2021/upshot/2020-election-map.html

20 Richard SENNETT, „The fight for the city", in: *Eurozine*, 14. Februar 2019: „It is precisely because of the complexities of cities, that people who dwell in them can feel more competent, to be able to handle it or, as we would say in American English, to not be destroyed when you suddenly see a black person or a refugee on the street. I think a lot of the political difficulties result from this confluence between the desired withdrawal and an economy that makes money out of personalization, out of comfort, out of ease of use. User-friendliness is a terrible, terrible idea. User-friendly means that you don't have any stimulation."

21 Georg SIMMEL, „Die Großstädte und das Geistesleben", in: *Aufsätze und Abhandlungen 1901–1908*, hrsg. von Rüdiger KRAMME, Angela RAMMSTEDT, Ottheim RAMMSTEDT, Frankfurt am Main 1995, S. 116–131, hier: 116f.

22 Heinrich August Ottokar REICHARD, *Reisehandbuch für Jedermann*, Weimar 1801, S. 17.

23 Michael LUCA, „Reviews, Reputation, and Revenue. The Case of Yelp.com", Working Paper 12–016, Harvard Business School 2011, S. 13f. und 5.

24 Christian NOLD, „Greenwich Emotion Map" (www.softhook.com/emot.htm).
25 Vgl. Dave TROYS, „Social maps that reveal a city's intersections – and separations", TED-Talk, 12. Dezember 2014.
26 John Perry BARLOW, *A Declaration of the Independence of Cyberspace*, 8. Februar 1996.
27 Alex PENTLAND, *Social Physics. How Social Networks Can Make Us Smarter*, New York 2015, S. 153 („Today we have a network of sensors and communication already in place, ready to transform our cities into data-rich, dynamic, responsive organisms"). Vgl. ders., „How Big Data Can Transform Society for the Better", in: *Scientific American* 309 (2013), S. 78–83.
28 Evgeny MOROZOV, Francesca BRIA, *Rethinking the Smart City. Democratizing Urban Technology*, New York 2018, S. 8: „the current wave of ‚smart' euphoria has resulted in many products traditionally classified as tools of surveillance and predictive policing being rebranded as essential components of the ‚smart city' package."
29 Ebenda, S. 26: „Cities and citizens, not companies, ought to own the data produced in cities and should be able to use said data to improve public services and put their policies into action."
30 Kaitlyn WYLDE, „Everything You Need To Know About Randonautica", in: *Bustle*, 29. Juni 2021.
31 Evgeny MOROZOV, „The Death of the Cyberflâneur", in: *New York Times*, 4. Februar 2012.
32 Judith BUTLER, *Anmerkungen zu einer performativen Theorie der Versammlung*, Berlin 2016.
33 Michel FOUCAULT, „Andere Räume", in: Karlheinz BARCK (Hg.), *Aisthesis. Wahrnehmung heute oder Perspektiven einer anderen Ästhetik,* Leipzig 1990, S. 34–46, hier: 39.
34 Tara SEPEHRI FAR, „Taking Walks Without Wearing Hijab in Iran", in: *Human Rights Watch*, 7. März 2023.
35 Ramón REICHERT, „Der digitale Flaneur. Ressourcen und Regime digitaler Kollektivität in der informationellen Stadt", in: *Zeitschrift für Kultur- und Kollektivwissenschaft*, 6/2 (2021), S. 93–114, hier: 21 und 114.

Einsamkeit der Punktzeit. Über Impulskontrolle

1 Ein Teil dieses Essay erschien zuvor unter dem Titel „Marshmallow-Culture" in meinem Buch *Death Algorithm and Other Digital Dilemmas*, Cambridge, MA–London: MIT Press 2018, S. 63–73; und auf Deutsch in *Lettre International* 125 (Sommer 2019), S. 27–31.
2 Atul GAWANDA, „The Heroism of incremental Care", in: *The New Yorker*, 15. Januar 2017: „You can eat the one marshmallow right now, or, if you

wait fifteen minutes, I'll give you two marshmallows and swear you in as President of the United States."

3 Vito PILIECI, „Canadians now have shorter attention span than goldfish thanks to portable devices. Microsoft study", in: *National Post*, 12. Mai 2015.

4 Nicholas CARR, *Wer bin ich, wenn ich online bin … und was macht mein Gehirn solange. Wie das Internet unser Denken verändert*, München 2010, S. 148, 217, 194.

5 Bernhard STIEGLER, *Die Logik der Sorge. Verlust der Aufklärung durch Technik und Medien*, Frankfurt am Main 2008, S. 117 und 122.

6 Bernard STIEGLER, *For a New Critique of Political Economy*, Cambridge, UK 2010, S. 5; und ders., *The Re-Enchantment of the World. The Value of Spirit Against Industrial Populism*, London–New York 2014, S. 18.

7 Leon IGEL, „Sprachniveau der Jüngeren: Schreiben und Lesen mangelhaft", in: *Deutschlandfunk Kultur*, Politischer Feuilleton, 7. Februar 2022 (www.deutschlandfunkkultur.de/sprachniveau-mangelhaft-100.html).

8 Diese These findet sich schon bei Andrew SHAPIRO, *Control Revolution. How New Technology Is Putting Individuals In Charge And Changing The World We Know*, New York 1999; zur psychologischen Disposition des Menschen für Filterblasen avant la lettre Leon FESTINGER, *Theory of Cognitive Dissonance*, Stanford 1957.

9 „Wie Corona Bildung revolutionieren könnte", in: *Tagesschau*, Zukunfts-Podcast, 19. März 2020.

10 Jeannie SUK GERSEN, „The Trouble with Teaching Rape Law", in: *The New Yorker*, 15. Dezember 2014.

11 Zum Gesetzentwurf und dem Schutz vor „discomfort, guilt, anguish, or another form of psychological distress" im Bundesstaat Tennessee vgl. Senate Bill by Bell, Sektion 3, Abschnitt 1F (www.capitol.tn.gov/Bills/112/Bill/SB2290.pdf).

12 So der politische Humorist John OLIVER, der dieses Beispiel berichtet: „Critical Race Theory", in: *Last Week Tonight with John Oliver*, HBO, 21. Februar 2022.

13 Greg LUKIANOFF, Jonathan HAIDT, „*The Coddling of the American Mind*", in: *The Atlantic*, September 2015; Libby NELSON, „Obama on liberal college students who want to be ‚coddled'. ‚That's not the way we learn'", in: *Vox*, 14. September 2015.

14 Christopher LASCH, *The Culture of Narcissism. American Life in an Age of Diminishing Expectations*, New York–London 1979, XVI: „he [the narcissistic personality] does not accumulate goods and provisions against the future […] but demands immediate gratifications and lives in a state of restless, perpetually unsatisfied desire".

15 Zygmunt BAUMAN, „From Pilgrim to Tourist – or a Short History of Identity", in: Stuart HALL, Paul du GAY (Hg.), *Questions of Cultural Identity*, London 1996, S. 18–36, hier: 24. Vgl. S. 25: „The overall result is the

fragmentation of time into episodes, each one cut from its past and from its future, each one self-enclosed and self-contained. Time is no longer a river, but a collection of ponds and pools."

16 Norbert BOLZ, *Das konsumistische Manifest*, München 2002; Gilles LIPOVETSKY, *Hypermodern Times*, Cambridge 2005.

17 Gianni VATTIMO, „Das Fliegenglas, das Netz, die Revolution und die Aufgaben der Philosophie", in: *Jenseits vom Subjekt*, Wien 2005, S. 17–36, hier: 17.

18 BAUMAN, „From Pilgrim to Tourist" (wie Anm. 15), S. 25. („Above all, do not delay gratification, if you can help. Whatever you are after, try to get it *now*, you cannot know whether the gratification you seek today will still be gratifying tomorrow.")

19 Meredith HAAF, *Heult doch. Über eine Generation und ihre Luxusprobleme*, München–Zürich 2011, S. 79f. Das Sontag-Zitat im Original bei Haaf: „Instead of the utopian moment, we live in a time which is experienced as the end – more exactly, just past the end – of every ideal."

20 Rainer MÜHLHOFF, „Digitale Entmündigung und ‚User Experience Design'. Wie digitale Geräte uns nudgen, tracken und zur Unwissenheit erziehen", in: *Leviathan*, 46. Jg., 4/2018, S. 551–574, hier: 558.

21 Ulrich BRÖCKLING, *Gute Hirten führen sanft. Über Menschenregierungskünste*, Berlin 2017.

22 „‚Opt For Walking, Cycling'. French Car Ads Must Back Less-Polluting Alternatives", in: *NDTV*, 31. Dezember 2021.

23 Hans JONAS, *Das Prinzip Verantwortung. Versuch einer Ethik für die technologische Zivilisation*, Frankfurt am Main 1979, S. 63; zur Kritik des *short-termism* vgl. Bernard STIEGLER, *Die Logik der Sorge* (wie Anm. 5).

24 Maja GÖPEL, „Wer wollen wir gewesen sein?", OMR-Konferenz, 15. Mai 2023 (*short-termism* und Marshmallow-Beispiel: 25:00–25:35).

25 Judith BUTLER, „Kann man ein gutes Leben in einem schlechten führen?" in: *Anmerkungen zu einer performativen Theorie der Versammlung*, Berlin 2015, S. 249–279.

26 Theodor W. ADORNO, *Probleme der Moralphilosophie*, Frankfurt am Main 1996, S. 249.

27 Roberto SIMANOWSKI, „Der erste Internet-Präsident. Donald Trump und der flüchtige Geist der ‚Generation Like'", in: *NZZ*, 11. November 2016, S. 7.

28 Roberto SIMANOWSKI, *Stumme Medien. Vom Verschwinden der Computer in Bildung und Gesellschaft*, Berlin 2018, S. 49. Ebenda zum Begriff des „numerischen Populismus".

29 Ulrich BRÖCKLING, „Gesteigerte Tauglichkeit, vertiefte Unterwerfung", in: *Soziopolis*, 16. September 2015.

30 Ebenda. Vgl. Ulrich BRÖCKLING, *Das unternehmerische Selbst. Soziologie einer Subjektivierungsform*, Frankfurt am Main 2007.

MINISTERIUM FÜR ERNÄHRUNG UND LANDWIRT-
Pressemitteilung 24/2023, 27. Februar 2023: „Özdemir stellt Gesetzesvorhaben für mehr Kinderschutz in der Werbung vor"; „Amsterdam to become first city in the world to ban this type of advert", in: *Euronews*, 20. Mai 2021 (vgl. https://verbiedfossielereclame.nl).

32 BRÖCKLING, „Gesteigerte Tauglichkeit" (wie Anm. 29). Für eine Kritik des Nudging als Bevormundung vgl. Robert SUGDEN, „On Nudging. A Review of *Nudge. Improving Decisions About Health, Wealth and Happiness* by Richard H. Thaler and Cass R. Sunstein", in: *International Journal of the Economics of Business*, 16/3 (2009), S. 365–373.

33 Radiogespräch zwischen Theodor W. ADORNO und Arnold GEHLEN, „Ist die Soziologie eine Wissenschaft vom Menschen", 3. Februar 1965, in: Friedemann GRENZ, *Adornos Philosophie in Grundbegriffen. Auflösung einiger Deutungsprobleme*, Frankfurt am Main 1974, S. 224–251, hier: 250.

34 Arnold GEHLEN, *Die Seele im technischen Zeitalter*, Frankfurt am Main 2007, S. 116.

35 Ebenda, S. 117–118.

36 Ebenda, S. 118 und 119.

37 Ebenda, S. 120.

38 B. F. SKINNER, *Beyond Freedom and Dignity*, New York 1971, S. 66.

39 Zur Kritik des radikalen Determinismus vgl. Noam CHOMSKY, „The Case Against B. F. Skinner", in: *The New York Review of Books*, 17. Jg., Nr. 11 (1971), S. 8–24.

40 Shoshana ZUBOFF, *Das Zeitalter des Überwachungskapitalismus*, Frankfurt am Main–New York 2018, S. 495.

41 Ebenda, S. 481. Vgl. S. 501f. zu Pentland als Update von Skinners Verhaltenskoordination sowie insgesamt Kapitel 15, Abschnitt 4: „Die Prinzipien einer instrumentären Gesellschaft".

42 Alex PENTLAND, *Social Physics. How Social Networks Can Make Us Smarter*, New York 2015, S. 7 („a computational theory of behavior: a mathematical explanation of why society reacts as it does and how these reactions may (or may not) solve human problem. […] Such a theory could tie together mechanisms of social interactions with our newly acquired massive amounts of behavior data in order to create better social systems.") Vgl. ders., „How Big Data Can Transform Society for the Better", in: *Scientific American* 309 (2013), S. 78–83.

43 Alex PENTLAND, „Automatic mapping and modeling of human networks", in: *Physica A: Statistical Mechanics and its Applications* 378/1 (2007), S. 59–67: 60f. („electronic badges that record the wearers' location (with 2 m typical accuracy), ambient audio, and upper body movement").

44 Alex PENTLAND, *Honest Signals. How They Shape Our World*, Cambridge, MA 2010.

45 PENTLAND, *Social Physics* (wie Anm. 42), S. 147.

46 Vgl. Abschnitt „Living in a Data-Rich Society", S. 153. Ebenda, S. 149: „some experts on infectious disease believe that this is one of the only hopes we have for avoiding hundreds of millions of deaths from the pandemics that are certain to come".

47 PENTLAND, *Social Physics* (wie Anm. 42), S. 11.

48 Ebenda, S. 153: „We cannot ignore the public goods that such a sensory system could provide."

49 „Entwurf eines Gesetzes zur Errichtung des Implantateregisters Deutschland und zu weiteren Änderungen des Fünften Buches Sozialgesetzbuch (Implantateregister-Errichtungsgesetz – EIRD)" vom 29. Mai 2019 (Drucksache 19/10523), S. 35 (vgl. dazu Brigitta ENGEL, „Der fleißige Herr Spahn. Mit Vollgas gegen den Datenschutz", in: *Telepolis*, 16. Oktober 2019). In der „Beschlussempfehlung" vom 25. September 2019 (Drucksache 19/13589) heißt es dann: „Die Datenübermittlung soll ohne Einwilligung der betroffenen Patientinnen und Patienten erfolgen." S. 53.

50 Drucksache 19/10523, S. 36; dort auch das Folgezitat.

51 PENTLAND, *Social Physics* (wie Anm. 42), S. 46. „I believe that we can think of each stream of ideas as a swarm or collective intelligence, flowing through time, with all the humans in it learning from each other's experiences in order to jointly discover the patterns of preferences and habits of action that best suit the surrounding physical and social environment."

52 Alex PENTLAND, „The Death of Individuality. What Really Governs Your Actions?" in: *New Scientist* 222, Nr. 2963 (2014), S. 30–31, hier: 31. („It is time that we dropped the fiction of individuals as the unit of rationality and recognised that our rationality is largely determined by the surrounding social fabric.")

53 ZUBOFF, *Zeitalter des Überwachungskapitalismus* (wie Anm. 40), S. 482.

54 Vlad SAVOV, „Google's Selfish Ledger is an unsettling vision of Silicon Valley social engineering", in: *Verve*, 17. Mai 2018.

55 www.theverge.com/2018/5/17/17344250/google-x-selfish-ledger-video-data-privacy, 04:28: „suggestions may be converted not by the users but by the ledger itself".

56 Ebenda, 05:34–08:22.

57 Ebenda, 07:30–07:55: „As gene sequencing yields a comprehensive map of human biology researchers are increasingly able to target parts of the sequence and modify them in order to achieve a desired result. As patterns begin to emerge in the behavioral sequences they too may be targeted. The ledger could be given a focus shifting it from a system which not only tracks our behavior but offers direction towards a desired result."

58 SAVOV, „Google's Selfish Ledger" (wie Anm. 54). Zum Ansatz des spekulativen Designs vgl. Anthony DUNNE, Fiona RABY, *Speculative Everything. Design, Fiction, and Social Dreaming*, Cambridge, MA 2013.

59 „Your participation will enable scientific discoveries that will help us all live healthier lives" (www.projectbaseline.com/help-humanity); Projektvideo: www.youtube.com/watch?v=KjbjH67wXvk&t=57s.

60 Zum Szenarium einer durch KI forcierten Öku-Diktatur vgl. das Kapitel „Anthrobscene" in meinem Buch *Todesalgorithmus. Das Dilemma der künstlichen Intelligenz*, Wien 2021, S. 60–65.

61 ETHIK-KOMMISSION AUTOMATISIERTES UND VERNETZTES FAHREN, Bericht Juni 2017, S. 20.

62 Lutz REICHE, „E-Scooter-Verleiher würden Tempo automatisch drosseln", in: *manager magazin*, 2. August 2019.

63 Vishal SINGH, „Here's how e-scooter unicorn Bird plans to use geofencing tech to protect pedestrians", in: *Silicon Canals*, 4. August 2021.

64 www.gov.cn/zhengce/content/2014-06/27/content_8913.htm (Mandarin), https://chinacopyrightandmedia.wordpress.com/2014/06/14/planning-outline-for-the-construction-of-a-social-credit-system-2014-2020 (Englisch).

65 Das Prinzip des *xiào* wird illustriert in dem aus dem 4. bis 3. Jahrhundert v. d. Z. stammenden Text *Xiaojing*, einem Dialog zwischen Konfuzius und seinem Schüler Zengzi. Vgl. Adam KNIGHT, „Technologies of Risk and Discipline in China's Social Credit System", in: Rogier CREEMERS, Sue TREVASKES (Hg.), *Law and the party in China. ideology and organisation*, Cambridge 2020, S. 237–262, hier: 245 („China as an innately low-trust society of kith and kin (shuren shehui) bound together by family ties").

66 Ebenda, S. 243: „individuals who ‚default in one area will be punished in all areas'", Zitat aus: Xiuhao LIU, „Li Keqiang: establish a system of black lists to make it difficult for the untrustworthy to take even a single step across society", in: *The Paper*, 10. Juni 2018 (www.thepaper.cn/newsDetail_forward_2185603).

67 KNIGHT, „Technologies of Risk" (wie Anm. 65), S. 248: „[…] ‚good' behaviour in one area of administrative, commercial or social life should have positive ramifications elsewhere".

68 Ed JEFFERSON, „No, China isn't Black Mirror – social credit scores are more complex and sinister than that", in: *The New Statesman*, 27. April 2018 (aktualisiert am 24. Juni 2021).

69 Gabriella MONTINOLA, Yingyi QIAN, Barry R. WEINGAST, „Federalism, Chinese Style. The Political Basis for Economic Success in China", in: *World Politics* 48/01 (1995), S. 50–81. Bereits 2016 wurden 20 dieser Projekte evaluiert und eingestuft nach einem 100-Punkte-System, die Evaluation 2017 und 2019 führt dann zur Bekanntgabe von 12 beziehungsweise 16 „model city-level social credit systems" (KNIGHT, „Technologies of Risk and Discipline" [wie Anm. 65], S. 250f.). Gleichwohl sind kommerziell geführte Pilotprojekte (wie Sesame Credit oder Tencent Credit), bei denen die Bürger freiwillig mitmachen, wesentlich mehr verbreitet als die staatlichen, mit einem Verhältnis von 80% zu 7% (Genia KOSTKA,

„China's social credit systems and public opinion: explaining high levels of approval", in: *New Media & Society* 21/7 (2019), S. 1565–1593: Abschnitt 4.0).

70 KOSTKA, „China's social credit systems" (wie Anm. 69), Abschnitt 4.2., Abschnitt 4.1: 80% der Befragten sehen das Social Credit System positiv, 19% neutral, nur 1 % kritisch.

71 Celia HATTON, „China ‚social credit'. Beijing sets up huge system", in: *BBC News*, 26. October 2019.

72 Rachel BOTSMAN, „Big data meets Big Brother as China moves to rate its citizens", in: *Wired*, 21. Oktober 2017 („a big data gamified version of the Communist Party's surveillance methods").

73 Samantha R. HOFFMAN, „Programming China. The Communist Party's autonomic approach to managing state security", in: *Merics China Monitor* 44 (2017), S. 1–11, hier: 8.

74 EUROPÄISCHE KOMMISSION, GENERALDIREKTION KOMMUNIKATIONSNETZE, INHALTE UND TECHNOLOGIEN, „Vorschlag für eine Verordnung des Europäischen Parlaments und des Rates zur Festlegung harmonisierter Vorschriften für künstliche Intelligenz (Gesetz über künstliche Intelligenz) und zur Änderung bestimmter Rechtsakte der Union", 21. April 2021, Punkt 5.2.2.: „Verbotene Praktiken im Bereich der Künstlichen Intelligenz".

75 SKINNER, *Beyond Freedom and Dignity* (wie Anm. 38), S. 66.

76 KNIGHT, „Technologies of Risk and Discipline" (wie Anm. 65), S. 253. Das Beispiel bezieht sich auf die Großstadt Rongcheng, die 2017 Sieger im Wettbewerb um das beste Social Credit Pilotsystem war. Das Scoring der Taxifahrer (mit einem Wert von 1 bis 4, der sich aus der Beurteilung durch Passagiere und Kolleginnen ergibt) habe dort zu einer drastischen Senkung der Beschwerden durch Passagiere und zu einer Erhöhung der Rückgabe von im Taxi vergessenen Gegenständen geführt sowie zu Blutspenden mehrerer Taxifahrer, um ihren Score zu erhören.

77 Gilad EDELMANN, „The Father of Web3 Wants You to Trust Less", in: *Wired*, 29. November 2021.

78 Bobby ALLYN, „People are talking about Web3. Is it the Internet of the future or just a buzzword?", in: *NPR*, 21. November 2021; Liam PEROVEN, „Web3. The next generation of the web is here … apparently", in: *The Register*, 15. Dezember 2021; für eine erste ‚Kritik von innen' am Web3 vgl. den Blogeintrag des Cryptographers Moxie MARLINSPIKE, „My first impressions of web3" vom 7. Januar 2022 (https://moxie.org/2022/01/07/web3-first-impressions.html).

79 EDELMANN, „The Father of Web3 Wants You to Trust Less" (wie Anm. 77). Ebenda, Gavin Wood: „I think trust in itself is actually just a bad thing all around. Trust implies that you are you're (sic!) placing some sort of authority in somebody else, or in some organization, and they will be

able to use this authority in some arbitrary way.“ Vgl. Kevin WERBACH, *The Blockchain and the New Architecture of Trust*, Cambridge, MA. 2018.

80 Peter KAFKA, „Web3 is the future, a scam, or both“, in: *Vox*, 1. Februar 2022.

81 „Future of Work“, Interview mit Tina He für den Podcast *DAOn the Rabbit Hole* (S 1, E 19), 2. März 2022, 32:20.

82 „Cryptomedia and Writing NFTs: Making Content Ownable“, Interview mit Patrick Rivera für den Podcast *DAOn the Rabbit Hole* (S 2, E 4), 13. Juni 2022, 33:50–34:40.

83 Mason MARCOBELLO, „POAPs: What Is a Proof of Attendance Protocol?“, in: *CoinDesk*, 11. Mai 2023 (vgl. https://poap.xyz).

84 „Building a trustless and portable identity and reputation system with DIDs“, Interview mit Evin McMullen für den Podcast *DAOn the Rabbit Hole* (S 1, E 17), 25. Februar 2022, 42:45.

85 Ebenda, 47:44–49:10.

86 Lisa XU, „Interview with Tina He (Station). Building Web3 Talent Infrastructure“, in: *Medium*, 18. Mai 2022, 17:20.

87 Daniel BEUNZA, *Taking the Floor. Models, morals, and management in a Wall Street trading room*, Princeton University Press 2019, S. 13.

88 John Perry BARLOW, *A Declaration of the Independence of Cyberspace*, 8. Februar 1996.

89 Arnold GEHLEN, *Urmensch und Spätkultur. Philosophische Ergebnisse und Aussagen*, Frankfurt am Main 2004, S. 133.

90 Angela NAGLE, *Die digitale Gegenrevolution. Online-Kulturkämpfe der Neuen Rechten von 4chan und Tumblr bis zur Alt-Right und Trump*, Bielefeld 2018, im Original: *Kill All Normies. Online Culture Wars from 4chan and Tumblr to Trump and the Alt-Right* (2017).

91 GEHLEN, *Die Seele im technischen Zeitalter* (wie Anm. 34), S. 121.

92 Slavoj ŽIŽEK, „A plea for bureaucratic socialism“, Vortrag in Madrid am 28. Juni 2017 (www.youtube.com/watch?v=2OYSMWJafAI, 09:50): „maybe we should change the goal of emancipatory struggle from overcoming alienation to enforcing the right kind of alienation“; ders, „Will our future be Chinese ‚capitalist socialism‘?“, in: *RT*, 21. Oktober 2018 (www.rt.com/op-ed/441873-china-socialism-capitalism-zizek); vgl. den Abschnitt „Capitalism with Asian Values … in Europe“ in: ders., *First as Tragedy then as Farce*, New York 2011, S. 131–138.

93 GEHLEN, *Die Seele im technischen Zeitalter* (wie Anm. 34), S. 117–118: „kritikfest und einwandsimmun“, „Sozialzement“. Vgl. den Abschnitt „Mängelwesen Mensch“.

94 Ich diskutiere das Utopie-Potenzial des Internets in meinem Aufsatz „Utopien und Dystopien im Internet und die antiutopische Botschaft des Mediums“, in: Wilhelm VOSSKAMP, Günter BLAMBERGER, Martin ROUSSEL (Hg.), *Möglichkeitsdenken. Utopie und Dystopie in der*

Gegenwart, München 2013, S. 259–289. Zur Kritik der Nerds vgl. das Essay „Nerd-Attack" in meinem Essay-Band *Abfall. Das alternative ABC der neuen Medien*, Berlin 2017, S. 141–157. Zum Web3-Utopismus vgl. Kevin OWOCKIS Buch *GreenPilled. How Crypto Can Regenerate The World*, Selbstverlag Blurb, 2023.

95 Jeff WILSER, „What It's Like to Work as a DAO Bounty Hunter", in: *Coin Desk*, 29. Juni 2022.

96 Richard BARBROOK, Andy CAMERON, „The Californian Ideology", in: *Mute*, 1. September 1995; Richard BARBROOK, „Cyber-Communism. How The Americans Are Superseding Capitalism In Cyberspace", in: *Science as Culture* 9/1 (1999), S. 5–40.

97 Zu neueren Konzepten der Direktdemokratie vor DAO vgl. Andreas Urs SOMMER, *Eine Demokratie für das 21. Jahrhundert. Warum die Volksvertretung überholt ist und die Zukunft der direkten Demokratie gehört*, Freiburg–Basel–Wien 2022.

98 Zygmunt BAUMAN, *Flüchtige Moderne*, Berlin 2003.

99 Paul RICŒUR, *Zeit und Erzählung*, Band 1: *Zeit und historische Erzählung*, München 1988. Zur Verteidigung des episodischen Selbst gegen den Ansatz der narrativen Psychologie vgl. Galen STRAWSON, „Gegen die Narrativität", in: *Deutsche Zeitschrift für Philosophie* 53/1 (2005), S. 3–22. Ich diskutiere die narrationslose Selbstdarstellung in sozialen Medien in meiner Studie *Facebook-Gesellschaft*, Berlin 2016, S. 99–108.

Passagen Thema

Roberto Simanowski

Todesalgorithmus

Das Dilemma der künstlichen Intelligenz

Das dystopische Versprechen der künstlichen Intelligenz ist die Heimkehr in ein Paradies, in dem unsere eigene Schöpfung unser Gott ist und uns das Erkennen und Entscheiden abnimmt. Algorithmen beherrschen die Welt, so hört man, heute schon und morgen noch viel mehr. Sie sitzen am Steuer selbstfahrender Autos und lenken mehr und mehr gesellschaftliche Prozesse. Wie programmieren wir sie und was passiert, wenn sie sich schließlich selbst programmieren? Die Angst ist so groß wie die Hoffnung und das moralische Dilemma. Dürfen Algorithmen im Ernstfall entscheiden, wer sterben muss? Wird die künstliche Intelligenz dem Menschen den freien Willen nehmen, ihn vor sich selbst schützen und zurück ins Paradies der Entscheidungslosigkeit befördern? Dieses Buch lädt ein zu einer philosophischen Spekulation über unsere Zukunft. Es handelt von den Aporien und Paradoxien der künstlichen Intelligenz. Es vagabundiert im Denken, verbindet das scheinbar Unverbundene und sieht am Ende in den Erfindern des Silicon Valleys nicht mehr und nicht weniger als die Geschäftsführer von Hegels Weltgeist.

Ausgezeichnet mit dem tractatus Essaypreis 2020

Passagen Thema

Roberto Simanowski

Das Virus und das Digitale

Das Virus und das Digitale ist die Tiefenanalyse einer Pandemie: von der Corona-App und der Maskenpflicht am Bildschirm bis zur Frage, ob die Corona-Krise die lang ersehnte Chance eines gesellschaftlichen Neuanfangs sein könnte. Covid-19 ist die Hefe der Digitalisierung: Home-Office, Fernunterricht, Online-Shopping, Video-Streaming, Corona-App – wir erleben einen Sprung in die Zukunft, den es in Echtzeit zu begreifen gilt. Roberto Simanowski unternimmt diesen Versuch und entziffert verschiedene Phänomene des Corona-Alltags aus einer kultur- und medienwissenschaftlichen Perspektive: das Zoom-Meeting als Enthüllung des optisch Unbewussten, die Corona-App als Machtkampf zwischen Technologie und Gesellschaft, die Anti-Corona-Proteste und Verschwörungstheorien als Kollateralschäden des Internet. Das Fazit ist überraschend und bestürzend: So wie die Corona-Krise die Digitalisierung beschleunigt, so beschleunigt diese den Ausbruch der Infodemie, die auf eine viel bedrohlichere Krankheit verweist: Die Krise der Demokratie.